揆園史話

북애자 지음
민영순 옮김

책을 내며

　우리 동천서숙(東天書塾)에서 한문을 공부한 사람들이 많은데, 그 가운데에서도 전라도 광주에서 서울까지 그 천리나 되는 먼 길을 일주일에 한 번은 꼬박꼬박 빠짐없이 열심히 올라와 공부한 사람이 바로 청담(靑潭) 민영순(閔永順) 대인이다. 청담은 서예(書藝)로도 벌써 일가를 이루어 후진들을 지도하고 있으면서 틈틈이 한학의 문(文)과 시(詩)를 알차게 정구(精究)하고 있는 것이다.

　참으로 놀라운 열정가로서 이번에 그 공부한 것 가운데에서 먼저 가장 인상 깊었던 것이라 규원사화(揆園史話)를 번역해 세상에 알리겠다고 해 그 뜻과 용기에 감탄하며 격려를 아끼지 않는 바이다.

　이 규원사화는 나하고는 인연이 깊다. 한 20년도 훨씬 지난 일인데, 내가 사단법인 유도회(儒道會) 사무국을 맡아 일을 하고 있을 때에 당시 조선일보 서희건 문화부차장이 찾아와 붓으로 베껴 쓴 허수름한 책 한 권을 주며 번역을 부탁하는 것이었다. 양주동 박사 댁에서 나온 것이라 하면서 아주 귀중한 것이라고 했다. 정말 엄청난 것이었다. 세상에 널리 알려야겠다는 생각이 들어 서희건 씨와 의논을 하여 단국대 윤내현 교수를 소개받아 세종문화회관 대강당을 빌려 우리 상고사에 대한 새로운 인식이란 제하의 대강연회를 열기도 하여 이 규원사화를 소개하는 계기를 만들었다.

그 후 한두 군데에서 책도 나오고 번역본도 나와 세상에 널리 읽히게 되었으니 얼마나 다행한 일이 아니겠는가? 거기에다가 우리 동천서숙 출신들이 그 바람을 가세시켜 이번에 청담이 앞장서 나아가려는 것이니 참으로 가상한 일이 아닐 수 없다. 아무튼 이 규원사화의 북애자 정신이 널리 퍼지고 커지는 만큼 우리 역사는 그 만큼 밝아지고 강해지며 우리 앞날 또한 희망찰 것이로다.

4341년 4월 10일 동천서숙에서 최 권 홍
흐뭇한 마음으로 쓰다.

차 례

• 책을 내며 · 3

揆園史話序 규원사화 서 ·· 7

一. 肇判記 조판기 ··· 15

二. 太始記 태시기 ··· 21

三. 檀君記 단군기 ··· 53

漫說 만설 ·· 153

• 부록 | 신시역대기 · 211
　　　　단군조선 시대의 역대 임금 · 213

揆園史話序* 규원사화 서

原文 北崖子*旣應擧而不第乃喟然投筆放浪江湖凡數三歲足跡殆遍於鯷域*而深有蹈海之悲*時經兩亂*之後州里肅然國論沸鬱朝士旰食野氓懷慍於是北崖子南自金州*月城*歷泗沘*熊川*復自漢山入峽而踏濊貊*舊都之地北登金剛之毘盧*峰俯看萬二千峰蔟擁*峭列乃望東海日出而泣下眺萬丈瀉瀑而心悲慨然有出塵之想

語譯 북애자는 이미 과거에 응했다가 합격하지 못하니 이에 한숨을 쉬고 붓을 던져 버렸다. 강호를 방랑하며 무릇 여러 해 동안 발자취가 제역(한반도)에 두루 했고, 깊이 바다나 밟고 죽고 싶은 슬픔이 있었다. 때는 임진왜란과 병자호란을 겪은 뒤라 전 고을과 마을들이 쓸쓸하고 나라의 의논들이 들끓고 조정의 벼슬아치들은 밥을 제 때 못 먹고 일반 백성들은 울분을 품고 있었다.

이에 북애자는 남쪽으로 금주(김해), 월성(경주)으로부터 사비성(부여)과 웅천(공주)을 지나 다시 한산(한양)으로부터 골짜기로 들어가 예맥(춘천)의 옛날 도읍지를 밟았다. 북으로 금강산의 비로봉에 올라가서 만이천봉을 구부려 내려다보니 높은 봉우리들이 빽빽이 둘러싸고 있고 이에 동해의 해돋이를 바라보며 눈물을 흘리고 만 길 쏟아지는 폭포를 바라보며, 슬퍼져서 세상을 떠나고 싶은 생각이 들었다.

註 이 '규원사화 서'는 1994년 4월 29일 최권흥선생이 가락을 붙이고 갑고 홍영표박사가 노래하여 발표회를 가졌음.
 北崖子(북애자) : 이 책 저자의 아호.
 鯷域(제역) : 한반도를 말함(메기모양의 한반도).

蹈海之悲(도해지비) : 義士 魯仲連(의사 노중련)의 고사에서 유래된 말인데, 노중련은 중국 齊(제)나라 사람으로 마음이 곧고 맑으며 벼슬을 안하고 남의 어려운 일을 맡아 했다. 趙(조)나라에서 살았는데 秦(진)의 군사가 조를 에워싸고 진을 帝(제)로 섬길 것을 청하는데 중련이 곧은 마음으로 듣지 않고 동해에 빠져 죽겠다고 말하였는데, 후에 정말로 바다로 숨어서 돌아오지 않음.
兩亂(양란) : 임진왜란과 병자호란.
金州(금주) : 김해(가야의 서울).
月城(월성) : 경주(신라의 서울).
泗沘(사비) : 부여.
熊川(웅천) : 공주.
濊貊(예맥) : 춘천, 강릉.
毘盧(비로) : 인도 말로 높다는 뜻.
薊州(계주) : 중국 연경 동쪽 고을.
簇擁(족옹) : 떼지어 옹위(擁衛)함.

原文 更西遊至九月山低徊於唐莊坪感淚於三聖祠及自平壤到龍灣*登統軍亭*北望遼野遼樹薊雲點綴徘徊於指顧之間若越一葦*鴨江之水則已更非我土矣噫我先祖舊疆入于敵國者已千年而今害毒日甚乃懷古悲今咨嗟不已後還至平壤適自朝家有建乙支文德祠之擧卽高句麗大臣殲隋軍百餘萬於薩水者也

語譯 다시 서쪽으로 구월산에 이르러서 당장평을 돌아보고, 삼성사에서 감격하여 눈물을 흘렸으며 평양으로부터 용만(의주)에 이르러서 통군정에 올라가 북쪽으로 요동(만주) 벌판을 바라보니 요동벌판의 나무와 계주에 떠 있는 구름이 점점이 연결되어 손가락으로 가리

키고 돌아다 볼 수 있는 가까운 곳에서 배회하고 있으니 만약에 한 조그마한 배를 타고 압록강을 건넌다면 이미 다시 우리 땅이 아니로구나. 아 슬프다. 우리 옛날 선조들의 옛 땅이 적국에 들어간 지가 이미 천년이고 지금 해와 독이 날로 심해져 이에 옛날을 생각하니 지금이 슬프고, 한숨과 한숨 쉬는 것을 말 수가 없구나. 후에 다시 평양에 이르니 마침 조정으로부터 을지문덕의 사당을 세우는 일이 있었다. 즉 고구려의 대신으로 수나라 군대 100여만 명을 살수에서 죽인 사람이다.

註 龍灣(용만): 압록강 하구에 있는 의주.
統軍亭(통군정): 평안북도 의주 압록강 가에 있는 유명한 정자로 우리나라 八景(8경) 중의 하나다.
一葦(일위): 조그만 배.

原文 經月餘至松京始聞荊妻之計急遽還歸居家益復寂寞於是搆揆園書屋於舊居之南負兒岳*之陽聚諸家書廣采其說意欲以此終餘生焉

語譯 한 달 남짓 지나서 송경(개성)에 이르러 비로소 아내의 부고를 들었다. 급히 집으로 돌아왔는데 더욱 다시 적막하여 이에 규원서옥을 옛날에 살던 남쪽에다 지었으니 부아악(삼각산)의 남쪽이었다. 여러 학자들의 책들을 모으고, 그 말들을 널리 캐내며 이것으로 여생을 마치고자 마음먹었다.

註 負兒岳(부아악): 서울 우이동의 삼각산으로, 먼 동쪽에서 보면 아이를 업은 산으로 보인다는 뜻에서 부아악으로 이름함.

原文 夫以力服人者力窮而人叛以財用人財竭而人去力

與財余旣不能有焉而亦不曾冀求觀乎荒凉北邙坂下*曾
何力與財之有乎且名者實之賓也余將慕名而爲賓乎名
亦不足願

語譯 대체로 힘으로 남을 복종시키는 자는 힘이 다하면 사람이 배반하게 되고, 재산으로 사람을 쓰는 자는 재산이 다하면 사람이 떠나가니, 힘과 재산은 내 이미 능히 가지지 못했으며 또 일찍이 바라고 구하지도 아니했도다. 황량한 북망산을 바라보니 언덕 밑에 일찍이 무슨 힘과 재산이 있었던가. 이름이란 어떤 내용의 손님에 지나지 않는다. 내 장차 이름을 사모하여 손님이 되겠는가. 명예 또한 족히 원하는 것이 아니다.

註 北邙坂下(북망판하) : 공동묘지 언덕 밑.

原文 昔者勿稽子*有言曰天職人心地知人行日月照人意
神鬼鑑人爲夫人之善惡正邪必爲天地神鬼之所照臨監
識則斯已矣寧向髑髏人世汲汲然競寸銖之名利哉余決
不爲

語譯 옛날에 물계자가 있어서 말하기를, 하늘은 사람의 마음을 알고 땅은 사람의 행동을 알아보고, 해와 달은 사람의 뜻을 비춰주며 귀신들은 사람의 하는 행동을 살피고 있다했으나, 대체로 사람의 선과 악과 바르고 간사함은, 반드시 천지 귀신들이 비춰 임하여 살피고 아는 것이 되니 그만이로다. 어찌 촉루(해골)를 향하는 세상에서 서둘러 한 치 저울의 눈금만한 명예와 이익을 다투겠는가! 나는 결단코 하지 않을 것이다.

註 勿稽子(물계자) : 신라 내해왕 때 화랑.

原文 惟存性養志修道立功以遺效於來世後孫則雖終世無知者亦可無慍或萬世之後而一遇知其解者是旦暮遇之也觀夫閃忽千年往事曾復何向髑髏人世爭寵辱於石火光中耶

語譯 오직 성품을 보존하고 뜻을 길러 도를 닦고 공을 세워 가지고 내세 후손에게 남겨 본받게 할 것이니, 비록 이 세상 사는동안 알아주는 자가 없어도 또한 가히 성냄이 없을 것이고, 혹 만년 뒤에 나를 이해하는 자를 만난다고 하더라도 이것은 다만 아침, 저녁에 만나는 것이로다. 대체로 보건대, 번쩍하는 불꽃같은 천년 왕사인데 일찍이 다시 해골로 향하는 인생으로 부싯돌 같이 번쩍하는 빛 가운데서 사랑이나 욕 먹는 것을 다투겠는가!

原文 余嘗論之朝鮮之患莫大於無國史夫春秋作而名分*正綱目*成而正閏*別春秋*綱目者漢史之賴以立者也我邦經史屢經兵火散亡殆盡後世孤陋者流溺於漢籍徒以事大尊周爲義而不知先立其本以光我國是猶藤葛之性不謀其直而便求纏絡也豈不鄙哉

語譯 내가 일찍이 말하고 싶은 것은 조선의 근심은 국사가 없는 것보다 더 큰 것이 없다. 대체로 춘추가 지어져 가지고 명분이 바로 잡아졌고, 강목(주자가 쓴 중국 역사)이 이루어져 정과 윤이 구별이 되었는데,

춘추와 강목이라는 것은 중국선비에 힘입어 세워진 것이다. 우리나라의 역사는 자주 병화를 겪어서 흩어지고 없어져 거의 다 했으니, 후세에 지저분한 자들이 중국책에만 흘러 빠져서 한갓 큰 나라를 섬기어 주나라만 높이는 것으로 뜻을 삼아, 먼저 근본을 세움으로써 우리나라를 빛 낼 줄 몰랐다. 이것은 등나무나 칡덩굴의 성품으로서 곧은 것을 생각하지 않고, 문득 얽어매고 다른 것과 연결될 것만 구하니 어찌 더럽지 아니하랴!

註 名分(명분): 옳은 임금, 그른 임금 구별.
綱目(강목): 주자가 쓴 중국 역사.
正閏(정윤): 본 마누라 아들과 첩의 아들.
春秋(춘추): 공자가 쓴 노나라 역사책.

原文 自勝朝*以降貢使北行累百年而不爲之恨猝以滿洲之讎爲不俱戴天則獨何故耶噫雖然若天加寧廟十年之壽則卽可陳兵於遼瀋*馳艦於登萊*縱敗衂旋至而亦不失爲近世之快事也

語譯 전 조정(고려)으로부터 내려옴으로 조공 바치는 사신이 북쪽으로 길 떠남이 여러 백년이었으나 한탄하지 않다가 갑자기 만주(청나라)를 원수로 삼아서 한 하늘을 같이 일 수 없다고 하는 것은 무슨 까닭인가? 아! 비록 그러나, 만약에 하늘이 효종대왕을 십년의 나이만 더 살게 했더라면 즉, 가히 요동과 심양(만주)에 군대가 진을 쳤을 것이고, 등주와 내주로 배를 달렸을 것인데, 비록 패하고 부끄럽게 되돌아온다고 하더라도 또한 근세의 통쾌한 일이 되는 것이었을 것이다.

註 勝朝(승조): 전 조정(이 책을 쓸 때가 조선시대이니 고려를 말함).

遼瀋(요심) : 요동과 심양.
登萊(등래) : 등주와 내주(중국 산동 반도에 있던 고을).

原文 及天不假聖壽而終無其事幸耶不幸耶余則悽切而已矣余嘗有志於述史而固無其材且名山石室渺無珍藏以余清貧匹夫亦竟奈何哉然何幸峽中得清平所著震域遺記*中有三國以前故史雖約而不詳比於巷間所傳區區之說尙可吐氣萬丈於是復采漢史諸傳之文以爲史話頗有食肉忘味之槪矣

語譯 이에 하늘이 성수(임금의 나이)를 빌려주지 않아서 끝내는 그 일이 이뤄지지 않았으니 다행인가 불행인가? 나는 즉 슬픔만 간절한 뿐이로다. 나는 일찍이 역사를 쓰는데 뜻이 있었으나 진실로 재주도 없었고, 또 유명한 산과 돌집이 아득해 보배롭게 감춰둔 게 없어 내 청빈한 보통 남자로서 또한 마침내 어떻게 하겠는가! 그러나 무슨 다행인가! 산골짜기 가운데서 청평거사가 쓴 『진역유기』라는 책을 얻었으니 그 가운데에는 삼국이전의 고사가 있었다. 비록 간략하여 자세하지 않으나 거리에서 전하는 구구한 말에 비하면 오히려 가히 만 길 높은 기운을 토해 내는 것 같다. 여기에 내가 다시 중국 역사책에 여러 가지 전하는 글들을 캐내서 사화를 만들어 냈으니 자못 고기를 먹으면서도 맛을 잃어버리는 감개가 있었다.

註 震域遺記(진역유기) : 우리나라 고대사인데, 청평(淸平 : 李茗(이명)의 호. 고려 공민왕 때의 학자임)이 조대기(朝代記 : 발해 역사책)를 인용하여 씀.

原文 雖然凡今之人孰能有志於斯而同其感者哉經曰朝聞道夕死可矣亦惟此而已矣若天假我以長壽則卽可完成一史此不過爲其先驅而已也噫後世若有執此書而歌哭者是乃余幽魂無限之喜也

語譯 비록 그러나 무릇 오늘날 사람들이 누가 능히 이에 뜻을 두겠으며 그 똑같은 감동을 같이 갖겠는가! 글에 나오기를 아침에 도를 들으면 저녁에 죽어도 좋다고 했으니 또한 오직 이것일 뿐이로다. 만약에 하늘이 나에게 장수를 빌려준다면 즉, 가히 역사 한 권을 완성해 놓을 것인데, 이것(규원사화)은 그에 앞서서 달려가는 것이 되는 데 지나지 않는 것이다. 아! 내가 죽은 후에 만약 이 책을 잡고서 노래하거나 우는 자가 있다면 내 죽은 혼이나마 한이 없는 기쁨일 것이다.

原文 上*之二年乙卯三月上澣北崖老人序于揆園草堂*

語譯 임금 2년(숙종) 을묘(서기 1675년) 3월 상한(10일). 북애노인은 규원초당에서 서문을 쓰노라.

註 上(상) : 여기서는 임금. 현재의 임금을 부르는 말.
揆園草堂(규원초당) : 서재 이름.

一. 肇判記* 조판기

原文 太古陰陽未分洪濛久閉天地混沌神鬼愁慘日月星辰堆雜無倫壞海渾瀜群生無跡宇宙只是墨暗大塊

語譯 아주 옛날에 음과 양이 나누어지지 아니하여 큰 덩어리가 오래 닫혀 하늘과 땅이 뒤섞여서 귀신들도 근심하고 슬퍼했으며 해와 달, 별들도 쌓여 뒤섞여서 차례가 없었고, 땅과 바다도 뒤섞이고 한 데 엉켜서 뭇 생명들이 자취가 없었으니 우주는 다만 검고 컴컴한 큰 덩어리였다.

註 肇判記(조판기) : 처음 우주가 비로소 음양으로 쪼개진 기록.

原文 水火相盪不留刹那如是者已數百萬年矣上界却有一大主神曰桓因有統治全世界之無量智能而不現其形體坐於最上之天其所居數萬里恒時大放光明麾下更有無數小神桓者卽光明也象其體也因者本源也萬物之籍以生者也

語譯 물과 불도 서로 움직이면서 순간도 멈추지 아니 했으니 이와 같은 것이 수백 년 동안이었다. 저 위 세상에 문득 일대(一大) 주장하는 신이 있어서 말하기를 환인(조물주)이라 했으니 전 세계를 거느려 다스리는 끝없는 지혜와 능력이 있었으나 그 형체를 나타내 보이지 아니하고, 가장 위에 있는 하늘에 앉아 있으면서 그 사는 곳은 수 만리였는데 항상 크게 광명을 내 보내고, 거느리는 깃발 아래 다시 무수한 작은 귀신들이 있었으니 즉 환이라는 것은 빛이요, 밝다는 뜻으로 그 형체

를 말하는 것이며, 인이란 본래의 근원이며 만물이 여기에서 생겨나는 것이다.

原文 爾時一大主神乃拱手黙想曰如今宇宙大塊冥閉已久混元之氣包蘊停稸正要啓生化育若不儘時開判何以成無量功德乎乃召桓雄天王授命行剖判之業天王奉命辭出乃督諸神令各自大顯神通只看風雲晦冥黝深電光閃倏馳繞雷霆砰訇震擊諕得玉女失色百鬼遁竄

語譯 이때에 한 큰 주인이 곧 손을 끼고 묵상하며 말하기를 지금 우주 대괴(大塊)가 어둡고 닫힌 지가 이미 오래 되었도다. 섞인 근원의 기운이 쌓이고 멈춰져서 정히 중요하게 삶을 열어 가르쳐서 키웠으니 만약에 때로 열려 쪼개지는 것을 다하지 아니했다면 어찌 무량한 공덕을 이룰 수가 있었겠는가! 이에 환웅천왕을 불러 명령을 주어서 쪼개고 쪼개는 일을 행하게 했으니, 환웅천왕이 명령을 받들어 사례하고 나와서 이에 여러 신들을 독촉하여 하여금 각각 스스로 큰 신통을 드러내게 했는데, 다만 보건데 바람과 구름이 어둡고 검고 깊어 번갯빛이 번뜩거리고 갑자기 달리고 에워싸고 우뢰와 번개가 여울져 흘러 벼락을 치니 깜짝 놀라 옥녀가 실색하고 모든 귀신들이 도망가 숨었다.

原文 於是洪濛肇判天地始分虛曠浩茫不可端倪乃命日月輪流相轉光麗於天照臨於地日行爲晝月行爲夜又命星辰周迊蒼穹以定四時以紀年日

語譯 이에 큰 덩어리가 비로소 쪼개지고 하늘과 땅이 비로소 나뉘어

져서 텅텅 빈 넓고 넓은 아득함이 가히 끝이 없더라. 이에 해와 달에게 명령하여 빙빙 돌아 흘러 서로 구르게 하여 빛이 하늘에 걸리고 빛이 땅에 임하게 하여 해가 움직이면 낮이 되고, 달이 움직이면 밤이 되게 했다. 또 성신(별과 별)에게 명령하여 두루두루 하늘을 한 바퀴 돌게 하여 봄 여름 가을 겨울 사시를 정하게 하고 연월을 기록하게 했다.

原文 雖然天地旣分日月輪轉而地界水火未定壤海混淪停積之氣未卽啓發化成矣一大主神再命桓雄大王大顯法力只看大地水涯陸現而壤海始定火藏水動而萬物滋生於是草木托柢昆蟲鱗介*飛禽走獸之屬振振生育繁衍充物於地上三界

語譯 비록 그러나 하늘과 땅이 나뉘어지고 해와 달이 빙빙 돌고 있었으나 땅의 경계에서는 물과 불이 자리를 정하지 못하고 땅과 바다가 섞여 정체된 기운이 열려 화하여 나아가는 데까지는 이르지 못했다. 큰 주신이 두 번째로 환웅천왕에게 명령하여 크게 법력을 드러내게 했으니 다만 보건데 큰 땅과 물이 빙빙 돌아서 육지가 드러나게 되었고, 땅과 바다가 비로소 정해져서 불이 감춰짐에 물이 움직이니 만물이 살아나게 되었다. 이에 초목이 뿌리를 내리고 곤충들과 비늘 달리고 껍데기 달린 조개 같은 종류와 나는 새와 달리는 짐승들 따위들이 떨치고 떨쳐서 살아 키워지고 번성하게 뻗어 나갔으니 지상 삼계에 가득차 우글우글 많아졌다.

註 鱗介(인개) : 어류와 패류(비늘달리고 껍데기 달린 조개).

原文 盖自天地始分以來又十萬年矣一大主神更聚衆神

曰今乘宇宙自然之運會已煩汝等出力剖判天地化生萬
物功德自固無量但天地之間宜置萬物之長其名曰人可
與天地參爲三才而作萬物之主元來天地停稸之氣散爲
萬物而靈秀之性貞明之氣則尙鍾毓而不發今可啓導靈
秀發放貞明而別作人衆俾於群生之中自作主宰但此事
須先有備不可造次

語譯 대개 하늘과 땅이 비로소 나뉜 지 이래로 또한 10만년이었던 것이다. 일대 주장하는 신이 다시 뭇 신들을 모아서 말하기를, 지금 우주 자연이 빙빙 돌아 움직임이 이미 번거로웠는데 너희들은 힘을 내서 하늘과 땅을 쪼개고 쪼개서 화하여 만물을 태어나게 했으니 그 공덕이 스스로 진실로 한량이 없도다. 다만 하늘과 땅 사이에 마땅히 만물의 어른을 두어야 하니, 이름하여 말하기를 사람이라 하는 것이요, 사람은 가히 하늘과 땅과 더불어 삼재에 참여하여 만물의 주인이 되는 것이다. 원래 천지에 멈춰 쌓인 기운이 흩어져서 만물이 되었고, 빼어나고 신령스러운 성품과 곧고 밝은 기운이 즉 모여서 자라났다. 그런데 아직 나타나지 않다가 지금 가히 여러 그 신령스럽고 빼어남을 열어 이끌어내고 곧고 밝은 기운을 나타내 따로 사람의 무리를 만들어 하여금 뭇 생명 가운데에서 스스로 주재하도록 했는데, 다만 이 일은 우선 모름지기 갖춰짐이 있어야 할 것이니 잠깐으로 될 수는 없는 것이었다.

原文 乃三命桓雄天王天王奉令依計頒行*於是桓雄天王
大召滿天皇宿令分管上天諸事却令主神麾下無數小神
一幷降落下界主治山岳河川洋海沼澤丘陵原野里社之

基*務要謹嚴平正不可有誤然後采天地靈秀之性貞明之氣造成無數人生

語譯 이에 3번째로 환웅천왕에게 명령했으니 환웅천왕이 명령을 받들어서 그 계획에 의지해서 행동을 펴나갔다.

이에 환웅천왕이 크게 하늘에 가득한 별과 별자리들을 불러서 하여금 상천의 모든 일을 나누어 맡아서 다스리게 하고, 문득 환인천왕의 깃발아래 있는 무수한 조그만 신들에게 명령하여 한번 아울러 하계에 내려와 주로 산악을 다스리고, 하천(河川), 양해(洋海), 소택(沼澤), 구릉(丘陵)과 들판과 사람이 사는 마을 터를 다스리게 했는데, 중요한 것을 힘쓰고 삼가 엄하고 평평하고 바르게 하는데 힘쓰게 하여 가히 잘못하는 것이 있지 아니한 연후에 천지의 신령스럽고 빼어난 성품을 캐내고 곧고 바른 기운을 캐내서 무수한 인생을 만들어 냈다.

註 頒行(반행) : 널리 펴 행함.
里社之基(이사지기) : 사람이 사는 마을의 땅.

原文 一大主神乃四命桓雄天王曰如今人物業已造完矣君可勿惜厥勞率衆人躬自降落下界繼天立教爲萬世後生之範乃授之以天符三印曰可持此敷化於天下桓雄天王欣然領命持天符三印率風伯雨師雲師等三千之徒下降太白之山檀木*之下太白山者卽白頭山也

語譯 하나의 큰 주장하는 신(환인천왕)이 4번째 환웅천왕에게 명령하여 말하기를 지금 사람과 그 밖의 만물을 이미 만들어져 완성된 것 같으니 너는 가히 그 수고로움을 아끼지 말고 뭇 사람을 거느리고서 몸

소 스스로 아래 세상에 내려가 하늘을 이어 가르침을 세워 만세 후생에 모범이 되어라하고 명령을 하고 이에 천부인(天符印) 3개를 주고 말하기를, 가히 이것을 가지고 가서 천하에 교화를 베풀라 하니 이에 환웅천왕이 기쁜듯하여 명령을 거느리고 천부인 3개를 가지고 풍백(風伯), 우사(雨師), 운사(雲師) 등 3천의 무리를 거느리고서 태백산 박달나무 밑에 내려 왔으니 태백산이라는 것은 즉 백두산이로다.

註 檀木(단목) : 박달나무. 박달은 배달이라는 뜻.

原文 衆徒推爲君長是爲神市氏自草木托柢禽獸滋生以來又十萬年也

語譯 뭇 무리들이 미루어 군장(임금)으로 삼았으니 이(환웅천왕)가 바로 신시씨가 된 것이다. 풀과 나무가 스스로 뿌리를 붙이고 새와 짐승이 이에 생겨난 이래로 또 10만년이었던 것이다.

二. 太始記 태시기

原文 神市氏旣爲君長以神說敎存其彝性周護飽養聽其繁衍天下民物於是漸盛

語譯 신시씨가 이미 군장(임금)이 되어서 신으로서 가르침을 베풀어 그 떳떳한 착한 성품을 보존하게 하고, 두루 보호하고 배불리 먹여 키워서 그 번성하게 뻗어나가는 것을 듣게끔 했으니 천하의 백성과 물건들이 이에 점점 번성해 갔다.

原文 但此時開闢不遠隨處草木荒茂鳥獸雜處人民艱困殊甚且猛獸毒蟲不時衝動人民被害不少神市氏卽命蚩尤氏治之

語譯 다만 이때는 천지가 열리고 열린 지가 멀지 않은 지라, 곳에 따라 초목이 무성하게 거칠었고 새와 짐승이 뒤섞여서 사람들은 아주 어렵고 어려움이 자못 심했다. 또 사나운 짐승과 독이 있는 벌레들이 때 없이 부딪히고 움직여서 사람들이 해를 입음이 적지 않았으니 신시씨가 치우씨에게 명령하여 다스리게 했다.

原文 蚩尤氏實爲萬古强勇之祖有旋乾轉坤之力驅使風雷雲霧之能又造刀戟大弩巨斧長槍以之而治草木禽獸蟲魚之屬於是草木開除禽獸蟲魚僻處深山大澤不復爲民生之害矣是以蚩尤氏世掌兵戎制作之職時常鎭國討

敵未嘗少懈

語譯 치우씨는 실로 만고의 강하고 용맹한 할아버지로서 하늘을 돌리고 땅을 굴리는 힘이 있었으며, 바람, 우레, 구름, 안개를 몰고 부리는 능력이 있었고, 또 칼과 창, 큰 활, 큰 도끼, 긴 창을 만들어서 풀, 나무, 새, 짐승, 벌레, 물고기 따위들을 다스렸다. 이에 초목을 열어 없애고 새 짐승 벌레 물고기 따위들이 피해서 깊은 산이나 큰 못으로 도망가 살아 다시는 백성을 해침이 되지 않았다. 이 때문에 치우씨는 세상에서 전쟁과 무기 만드는 일을 맡아서 때로 항상 나라를 진압하고 적을 토벌하는데 일찍이 조금도 게을리 하지 않았다.

原文 神市氏見人居已完蠢物各得其所乃使高矢氏專掌饙養之務是爲主穀而時稼穡之道不備又無火種民皆就食草蔬木實啜鮮血茹生肉殆不堪其苦

語譯 신시씨가 사람이 사는 것이 이미 완성된 것을 보았고, 뭇 움직이는 물건들이 각각 제자리를 얻은 것을 보고 이에 고시씨로 하여금 전적으로 먹여 키우는 일을 맡게 했으니, 이가 곡식을 주장하는 사람이 되었는데, 때에 곡식 심고 거두는 도가 아직 갖추어지지 않았고, 또 불의 씨도 없어서 백성들은 다 나아가 풀과 채소, 나무의 열매를 먹었고 선혈(생피)을 마셨으며 날고기를 씹었으니 그 괴로움을 견디지 못했다.

原文 高矢氏乃漸敎稼穡之方猶以無火爲憂一日偶入深山只看喬林荒落但遺骨骸老幹枯枝交織亂叉立住多時沉吟無語忽然大風吹林萬竅怒號老榦相逼擦起火光閃

閃爍爍*乍起旋消乃猛然省悟曰是哉是哉是乃取火之法也歸取老槐枝擦而爲火功猶不完

[語譯] 고시씨가 이에 점점 곡식 심고 거두는 방법을 가르치긴 했으나 오히려 불이 없어서 근심했는데 하루는 우연히 깊은 산에 들어갔다가 다만 큰 수풀들이 거칠고 잎사귀가 떨어져서 다만 뼈다귀만 남아 늙은 줄기에 마른 나뭇가지가 서로 어지럽게 엇갈리고 있었다. 머물러 한참 입속으로 중얼거리며 말없이 있을 때에 홀연 큰 바람이 수풀에 불어와서 많은 구멍사이로 성내 부르짖더니 늙은 나무줄기가 서로 가까이 부딪혀서 마찰이 되면서 화광이 일어나고 빛이 번쩍번쩍 불이 잠깐 일어났다가 갑자기 사라졌다. 이에 문득 깨닫고 말하기를 이것이로다. 이것이 곧 불을 만드는 법이로다. 돌아와서 늙은 느티나무 가지를 취해서 가지를 비벼서 불을 만들어보았으나 그 공은 이루어지지 않았다.

[註] 爍爍(삭삭): 번쩍 번쩍 빛나는 모양.

[原文] 明日復至喬林處徘徊尋思忽然一個條紋大虎咆哮躍來高矢氏大叱一聲飛石猛打誤中巖角炳然生火

[語譯] 다음날 다시 높은 나무수풀에 이르러 배회하며 한참 생각하니 홀연히 한 줄기 무늬가 달린 큰 호랑이가 으르렁 울면서 뛰어 내려오고 있었다. 고시씨가 크게 한 소리 꾸짖어 돌을 날려 매섭게 치니 잘못 나무 모서리에 맞아서 번쩍하고 불이 생겼다.

[原文] 乃大喜而歸復擊石取火從此民得火食鑄冶之術*始興而制作之功亦漸進矣又使神誌氏作書契盖神誌氏世

掌主命之職專管出納獻替之務而只憑喉舌曾無文字記存之法一日出行狩獵忽驚起一隻牝鹿彎弓欲射旋失其跡乃四處搜探遍過山野至平沙處始見足印亂鑽向方自明乃俯首沈吟旋復猛省曰記存之法惟如斯而已夫如斯而已

語譯 이에 크게 기뻐하며 돌아와 다시 돌을 쳐 불을 만들어 내니, 이를 좇아 백성들은 불에 익혀 먹는 것을 얻게 되었고, 쇠를 풀무질하는 기술이 비로소 일어나서 만들고 만들어내는 공이 점점 진보하게 되었다. 또 신지씨로 하여금 서계(글자, 문자)를 짓게 했는데 대개 신지씨는 세상에서 임금의 명령을 주관하는 일을 맡아서 전적으로 출납과 바치고 바꾸는 일을 맡았는데 다만 목구멍과 혀에만 의지해서 일찍이 문자와 기록해 보존하는 법이 없었다. 하루는 나가서 사냥을 행하다 갑자기 놀라 일어나는 한 쌍의 암사슴을 활을 잡아당겨 쏘고자 했으나 도리어 그 자취를 잃어서 사방으로 더듬고 더듬어서 두루두루 산과 들판을 지나 평평한 모래판에 이르러서 비로소 사슴발자국을 발견하니 어지럽게 이어졌으나 향방은 분명하여 이에 머리 구부리고 가만히 읊조리다가 다시 문득 살펴 말하기를, 기록해 보존하는 법이 오직 이와 같은 것이구나. 무릇 이와 같은 것이구나.

註 鑄冶之術(주야지술): 쇠를 풀무질 하는 기술.

原文 夫是日罷獵卽歸反復審思廣察萬象不多日悟得創成文字是爲太古文字之始矣但後世年代邈遠而太古文字泯沒不存抑亦其組成也猶有不完而然歟

語譯 이 날에 사냥을 파하고 즉시로 돌아와서 반복하여 살피고 생각하며, 널리 모든 물건들을 살펴 날이 얼마 되지 않아 깨달아 알아 문자를 만들어 이루었으니 이것이 태고 문자의 시작인 것이다 다만 후세에 연대가 멀고멀어서 태고의 문자가 없어지고 없어져 남아 있지 않으니 또한 그 엮어 이루어진 것이 오히려 온전하지 아니함이 있어서 그랬던가!

原文 嘗聞六鎭*之地乃先春以外岩石之間時或發見雕刻文字非梵*非篆*人莫能曉豈神誌氏所作古字歟高矢氏亦世掌主穀之職而後世蚩尤高矢神誌之苗裔*繁衍最盛蚩尤氏之族則占居西南*之地神誌氏之族則繁殖於北東*之地獨高矢氏後裔廣處東南*轉流爲辰弁諸族後之所謂三韓*者皆其孫也

語譯 일찍이 듣건대 저 육진의 땅과 만주의 선춘의 밖에 바윗돌 사이에 때로 혹 발견되는 조각한 문자가 있으니, 인도 문자도 아니고 중국의 전자도 아니어서 능히 깨달을 수 없으니 아마도 신지씨가 지은 옛날의 문자인가! 고시씨가 또한 대대로 곡식을 주관하는 일을 맡았었고 후세에 치우씨와 고시씨와 신지씨의 후예들이 번성해 뻗어나가 가장 왕성했다. 치우씨의 일가들은 서남쪽의 땅을 점령해 살았고 신지씨의 일가들은 만주에서 북동의 땅에 번식해 살았고 다만 고시씨의 후예만은 널리 동남쪽(한반도)에 퍼져 살아서 굴러 흘러서 진한 변한 제족이 되었다. 후에 이른바 삼한이 다 그 후손이다.

註 六鎭(육진): 조선 세종 때 북쪽 변방을 지키기 위해 세운 여섯 곳의 진이다. ①慶源(경원) ②慶興(경흥) ③富寧(부령) ④穩城(온성) ⑤鐘城(종성) ⑥會寧(회령).

梵(범): 인도의 산스크리트어를 표기한 글자.
篆(전): 한문서체 중의 하나인 전서.
苗裔(묘예): 싹터서 나온 후손.
西南(서남): 중국.
北東(북동): 시베리아, 알라스카, 아프리카.
東南(동남): 한반도.
三韓(삼한): 마한, 진한, 변한.

原文 三氏苗裔又細分九派卽畎夷嵎夷方夷黃夷白夷赤夷玄夷風夷暘夷之屬皆異支同祖不甚相遠夷之爲言大弓之稱也盖自蚩尤氏作刀戟大弩以後狩獵征戰賴以爲式中土諸族甚畏大弓之用聞風膽寒者久矣故謂我族曰夷說文*所謂夸從大從弓東方之人者是也

語譯 삼씨의 후손들이 또 가느다랗게 나뉘고 9파로 나뉘어서 즉 견이족, 우이족, 방이족, 황이족, 백이족, 적이족, 현이족, 풍이족, 양이족의 따위들이 다 가지는 다르지만 할아버지는 같으니 심히 서로 멀지 않은 것이며 이(夷)라고 말한 것은 큰 활을 칭하는 것이다. 대개 치우씨로부터 칼과 창과 큰 활을 만든 이후에 사냥과 정벌과 전쟁에 힘입어 무기로 삼았으니 중국 땅에 사는 여러 종족들이 심히 큰 활 쓰는 것을 두려워했었고 소문만 들어도 간담이 서늘한 것이 오래되었던 것이다. 그러므로 우리 민족을 말하기를 '이(夷)'라고 말한 것이다. 설문에 이른바 이(夷)는 대(大)와 궁(弓)이라 했고 동방사람이라는 것이 이것이다.

註 說文(설문): 후한 때 許愼이 지은 字解書. 모두 30권(卷), 小篆 9,353자와 古文. 籒文 등 1,163자를 540부로 분류하여 六書의 意義를 추구하였음. 뒤에 청나라의 단옥재(段玉裁)가 주석(註釋)한 설문해자주(說

文解字注)가 유명함.

原文 乃至仲尼春秋之作而夷之名遂與戎狄幷爲腥臊*之稱憤哉後世畎夷風夷分遷西南恒與中土諸族互相頡頏*風夷則卽蚩尤氏之一族也先時蚩尤氏雖然驅除鳥獸虫魚之屬而人民猶在土穴之中下濕之氣逼人成疾且禽獸一經窘逐漸自退避藏匿不便於屠食

語譯 그러나 공자가 춘추라는 것을 지음에 이르러 '이(夷)'라고 하는 이름이 드디어 저 융적(戎狄)과 더불어 비린내 나고 거친 좋지 않은 것으로 일컬음이 되고 말았으니 분하도다. 후세에 와서 견이, 풍이는 서남쪽으로 옮겨가서 항상 중토의 여러 씨족들과 더불어 서로 오르락내리락 했으니 '풍이'란 치우씨의 한 일가인 것이다. 이보다 앞서서 치우씨가 비록 그렇게 조수와 충어의 따위 등을 몰아내고 제거하면서 인민들이 오히려 아직 토굴 가운데 있어서 아래가 축축한 기운이 사람을 핍박하여 병을 만들고, 또 금수가 한번 군색해서 도망감을 지나 점점 스스로 물러나서 도망가 숨어버려 잡아먹는데 불편하게 되었다.

註 腥臊(성조) : 비린내 또는 누린내가 남. 더러움.
頡頏(힐항) : 새가 오르락내리락 나는 모양.

原文 神市氏*乃使蚩尤氏營造人居高矢生致牛馬狗豚雕虎之獸而牧畜又得朱因氏使定男女婚娶之法焉盖今之人謂匠師曰智爲者蚩尤氏之訛也

語譯 환웅천왕(신시씨)이 이에 치우씨로 하여금 집을 지어 사람을 살게 하고, 고시씨로 하여금 산 채로 소, 말, 개, 돼지, 독수리, 호랑이 같은 짐승을 키워서 목축하고, 또 주인씨로 하여금 남자 여자가 혼인하여 장가드는 법을 정하게 했으니 대개 오늘날 사람들이 힘센 장사(집 짓는 사람)를 말하기를 지위라고 말하는 것은 치우의 와전이다.

註 神市氏(신시씨) : 환웅천왕.

原文 耕農樵牧者臨飯而祝高矢者高矢氏之稱也婚娶之時主媒者曰朱因者亦朱因氏之遺稱也此神市氏之降世已數千載而民物益衆地域愈博於是復置主刑主病主善惡及監董人民之職以獸畜名官有虎加牛加馬加鷹加鷺加之稱盖牛馬狗豚之屬皆當時民衆養生之料而賴以爲業者也虎與鷹鷺者境內棲息之鳥獸而以表官職之性也後世夫餘國猶傳此俗亦以獸畜名官此不可殫述焉

語譯 밭 갈고 농사짓고 나무하고 짐승 키우는 자들이 밥 먹을 때 임해서 고시씨를 일컬어 축하하고 있고(고시래 :고시씨를 기리는 말의 뜻) 혼인하고 장가드는 때에 주로 중매하는 자를 말하기를 '주인'이라하니 또한 주인씨에서 끼쳐 내려오는 일컬음이다. 이때는 신시씨가 세상에 내려온 지가 이미 수천 년으로써 백성이나 물건이 많아졌고 지역이 더욱 넓어졌다. 이에 다시 형벌을 주장하는 사람, 병을 주장하는 사람, 선악을 주관하는 사람 및 인민들은 감독하는 직책이 설치되었고, 짐승으로써 벼슬을 이름했는데, 호랑이장관, 소장관, 말장관, 매장관, 갈매기장관의 일컬음이 있었다. 대개 소, 말, 개, 돼지의 따위들은 다 그 당시의 백성들이 기르고 낳게 하여 키우던 것이어서 힘입어서 업을 삼은

것이다. 호랑이와 매, 갈매기는 사람이 살던 경내에 서식하던 새나 짐승으로써 관직의 성품을 나타낸 것이다. 후세에도 부여란 나라는 오히려 이 풍속을 전하고 있었으나 또한 짐승으로써 벼슬을 이름한 것은 이것은 이루 다 쓸 수가 없다.

原文 神市氏旣立敎御民民皆協洽乃登太白巓臨大荒之野觀天地寂莫而氣機無息日月奔馳而貞明不易春秋代序而萬物循回乃推天地玄妙之理倚數觀變而創成人民依從之則是乃易理之原也當是之時遼瀋*幽燕*之地已爲我族耕農遊牧之所而伏犧氏適以是時生於風族*之間熟知倚數觀變之道乃西進中土代燧人之世而爲帝又得史皇之輔河圖之瑞畵八卦爲中土易理之元祖

語譯 신시씨가 이미 교육을 세우고 백성을 다스리니 백성들은 다 마음을 협력하고 합쳤다. 이에 태백산 꼭대기에 올라가서 크고 거친 들판(만주벌판)을 보니 하늘과 땅은 조용한데 기운의 기미가 쉬지 않고, 해와 달이 달리고 달리는데 곧고 밝은 것이 아직 바뀌지 않고, 봄과 가을이 엇바뀌어 차례하면서 만물이 빙빙 돌고 있었다.

이에 하늘과 땅의 그윽하고도 묘한 이치를 미루어 올려서 숫자에 의지해 천지 변화를 관찰하고, 그리고 인민이 의존하여 따르는 법칙을 만들어 냈으니 이것이 곧 역리(주역)의 근원이다. 이때에 당해서 요동과 심양(만주의 서울)과 유주 연주(북경 근처)의 땅은 이미 우리 민족들이 밭 갈고 농사지으며 돌아다니면서 목장하는 땅이 되었던 것이다. 복희씨란 사람이 마침 이 때에 풍족 사이에서 태어나서 익숙히 숫자에 의지해서 변화를 관찰하는 도를 알게 되었고, 이에 서쪽으로 중토(중국 땅)에 나아가서 수인씨의 세상을 대신하여 임금이 되었었고, 또 사황의 보조를 얻었고 하도의 상서로움도 얻어서 팔괘를 그려 중국의 주역의 이치의 원조가 되었던 것이다.

註 遼瀋(요심) : 요동과 심양.
幽燕(유연) : 유주(幽州)를 포함한 옛 연나라 땅.
風族(풍족) : 풍씨 일가들 (복희씨가 풍씨임).

原文 蓋陰陽消長之理發源於我而卒爲彼國之用近世禹倬*以傳易之故反爲偉功造翁難測之意盖亦怪哉伏犧氏自能馴伏犧牲威降豺豹伏犧之名因於是也生於風族以風爲故姓也以龍紀官者亦原於虎加馬加之類也

語譯 대개 음과 양이 사라지고 자라는 이치는 우리에게서 처음 시작이 되어서 마침내 저나라(중국)에서 쓰게 되었는데, 근세(고려)에 우탁이 주역을 배워 전해 왔던 고로 도리어 큰 공으로 삼고 있으니 조물주의 헤아리기 어려운 뜻이 대개 또한 괴상하도다. 복희씨는 스스로 능히 희생을 길들여 복종시켰으며, 위엄이 이리와 표범을 항복시켰으니 복희란 이름이 여기에 따른 것이다. 풍족에서 태어나 풍(風)으로 성을 삼았고, 용으로써 벼슬을 기록한 것도, 또한 호가 마가 따위에서 근원한다.

註 禹倬(우탁) : 고려 26대 충선왕 때의 학자(고려 원종 4년 1263년~고려 충혜왕 3년 1342년). 역학의 깊은 지식은 중국의 왕도 인정하였다고 한다. 중국의 학자들과 토론할 때 모든 중국인들이 감탄하며 易(역)을 東(동)으로 옮겨갔다고 감탄하며 후세의 학자들이 선생을 易東(역동)선생이라 불렀다고 한다. 대구광역시에 모시는 사당과 박물관이 있다.

原文 神市氏御世愈遠而蚩尤高矢神誌朱因諸氏幷治人間三百六十六事男女父子君臣衣服飮食宮室編髮盖首之制次第成俗普天之下悉化其沾制治漸敷而政敎禮儀遂漸稍備初之盱盱睢睢*草衣食者始入人道之倫矣嗚呼偉哉

語譯 신시씨가 세상을 다스림이 더욱 오래되었는데 치우씨, 고시씨, 신지씨, 주인씨 여러 사람들이 아울러 인간의 366사를 다스려서 남녀와 부자와 군신과 의복과 음식과 궁실과 머리 땋는 것, 머리 꾸미는 이런 제도가 차례대로 풍속을 이루었으니 넓은 하늘 밑이 다 점점 동화가 되고, 다스리고 만들어 가는 모든 제도가 점점 베풀어져서 정치와 교육과 예의가 점점 차츰차츰 갖추어지게 되었다. 처음에 아무것도 모르는 멍청이들로서 풀로 만든 옷과 나무열매를 따 먹던 것이 처음으로 인도의 도리로 들어오게 되었으니 아아, 위대하도다.

註 盱盱睢睢(우우휴휴) : 숙어로서 아무것도 모르는 멍청이라는 뜻.

原文 夫六合*之外聖人存而不論*六合之內聖人論而不議*春秋經世先王*之志聖人議而不辯*鴻濛肇判而萬物滋生則余聞諸耆老神人降世而民物漸繁制治漸敷而政敎始成則余徵諸斷簡破編夫六合之外洪荒之世聖人曾不詳辨區區*後生安得以窺其一班哉

語譯 대체로 이 우주밖에 대해서는 성인은 그것에 대해서 있다고는 했으나 그러나 말하지 아니했고, 우주 안은 성인은 말하긴 했으나 이

렇다 저렇다 의논하지 않았다. 춘추에서 세상을 다스리던 선왕(하은주)의 뜻은 성인이 의하되 변론하지는 않았고, 우주가 처음 생겨서 아무 것도 없이 큰 덩어리로 돌아가고 있다가 나중에 음양으로 비로소 쪼개져서 만물이 자생한 것은 내가 일찍이 여러 늙은이들한테 들었는데, 환웅천왕이 세상에 내려와서 만물이 점점 번성해 많아졌고, 만들어 다스림이 점점 베풀어져서 정치하며 가르침이 비로소 이루어졌으니 내가 여럿 남아 있는 글속에서 다 증명할 수가 있다. 대체로 이 우주 밖의 넓고 거친 세상은 성인이 일찍이 자세하게 말하지 아니했으니 변변치 못한, 뒤에 태어난 나 같은 사람이 어찌 능히 그 한 조각인들 살피겠는가!

註 六合(육합) : 天. 地. 東. 西. 南. 北(즉, 우주).
論(논) : 사리의 옳고 그름을 가려 말하는 것.
議(의) : 사리의 방향을 바르고 정확하게 밝히는 것.
先王(선왕) : 하, 은, 주 때의 왕.
辨(변) : 참되고 거짓됨을 분별하여 말하는 것.
區區(구구) : 작은 모양. 잘디잔 모양.

原文 至如唐虞三代*秦漢隋唐者中國歷代之謂也獫狁獯鬻荊蠻越裳之屬則上古戎狄之稱也

語譯 당우(요순), 삼대(하은주)와 진, 한, 수, 당과 같은 데에 이르러서는 중국 역대를 말한 것이요, 험윤, 훈육, 형만, 월상이라고 하는 따위는 즉 상고의 융과 적족을 일컬음이다.

註 唐虞三代(당우삼대) : 요, 순, 하, 은, 주 시대.

原文 漢武之世始通西域月氏安息奄蔡焉嗜于闐罽賓諸

國始現於載籍中多民隨畜牧逐水草往來者及被髮裸身
之類乃若大秦*之國遠在西海之西地方數千里領四百餘
城小國役屬者數十以石爲城郭列置郵亭人皆髮頭而衣
文繡乘輜軿出入所居城邑周圍百餘里宮室皆以水精爲
柱以至殊俗珍風奇寶異貨之產不可殫述盖想見其殷富
盛彊之風矣

語譯 한나라 무제 세상에서는 비로소 서역이라는 나라 월씨, 안식, 엄채와 언기와 우전과 계빈의 여러 나라들과 통했음이 비로소 책 가운데 나타난다. 많은 백성들이 목축을 따라서 물과 풀을 쫓아 다니면서 머리 풀어 헤치고 알몸의 무리였다. 대진(로마제국)의 나라는 멀리 서해의 서쪽에 있어서 땅이 사방 수천 리이고 400여 성을 거느리고 있고, 조그만 나라들이 전부 거기에 붙어 있는 것이 수십이요, 돌로써 성곽을 만들었고 우정(우체국)을 쭉 벌려 세웠다. 사람들은 다 머리를 길고 살았고 또 무늬로 수를 놓은 옷을 입었고 수레를 타고 다니며 출입했고 사는 곳은 성이 있는 고을로 주위가 백여 리였다. 궁실은 다 수정으로써 기둥을 삼았고, 다른 진귀한 풍속과 기이한 보배와 이상한 재화가 생산되는 것에 이르러서는 이루 다 쓸 수가 없다. 대개 상상해 보건대, 그 많고 넉넉하고 풍성하고 강한 풍속이었다.

註 大秦(대진) : 로마제국.

原文 漢章和*中班超遣甘英由條支*欲通大秦而不果及
至桓帝延喜中其主安敦遣使始通降至唐代又有黨項吐
蕃*波斯*大食*之國或交侵關洛或航通商舶而赤髮綠睛

巨幹長軀之徒罕至出入官庭宋代有提擧*市舶*司之職
專管西域貿遷之業

語譯 한나라 장화 중에 반초라는 사람이 감영으로 보내져서 조지(인도지나반도)로 말미암아 대진과 통하고자 했으나 결과적으로 못했다. 그러나 환제의 연희(연호)중에 이르러서 그 임금 안돈이 사신을 보내어 비로소 중국과 통하고 내려와서 당대에 이르르면 또 당항과 토번(티베트), 파사(파키스탄 페르샤), 대식(아랍)의 나라들이 혹 서로 침범하고, 서로 왔다갔다 하고, 혹은 배로 통하고, 상선들이 머물렀는데 붉은 머리털과 눈동자는 파랗고, 몸뚱이는 크고 긴 무리들이 가끔가다 궁중에 들어와서 출입을 했던 것이다. 송대에 와서는 특수한 관청, 외국과 장사하는 것을 맡는 관청을 임시로 만들어 오로지 서양나라와 무역을 하는 일을 관할하게 하였다.

註 章和(장화) : 후한 장제의 연호.
　條支(조지) : 인도지나반도.
　吐蕃(토번) : 티베트.
　波斯(파사) : 페르시아.
　大食(대식) : 사라센제국.
　提擧(제거) : 특수한 일을 맡은 관청, 즉 일이 있을 때 임시로 설치하는 관청(감독관청).
　市舶(시박) : 상선(商船).

原文 近代明萬曆*中有利瑪竇*者自廣東轉入北京有數
理曆法之書使行之從燕還者或傳其說盖其國與古之大
秦同在西域之西與古來諸國逈殊云噫天下廣矣生民之
來久矣未知後世果有巨人一目之國復自東南來通於此

世否

語譯 근래 명나라 시대 만력 중에 이마두(마태오리치)란 사람이 있어서 광동으로부터 북경에 들어왔는데 서양의 수리와 역법의 책이 있었으니 중국 사신가는 행차를 따라 연경으로 갔다가 돌아오는 자들이 그 말을 전했었다. 대개 그 나라는 옛날의 대진(로자제국)과 더불어 똑같이 서역의 서쪽에 있어서 고대 여러 나라들과 더불어 아주 달랐다고 말하니 아, 천하는 넓도다. 백성이 생겨온 지가 오래 되었으니 후세에 과연 큰 사람, 눈 하나 가진 사람의 나라가 있어 다시 동남쪽으로부터 들어올 것이라고 한다면 이 시대 사람들에게 그 말이 통할 수 있을 것이냐? 아닐 것이냐?

註 萬曆(만력) : 明(명)의 神宗(신종)의 연호.
利瑪竇(이마두) : 원 이름은 마테오리치. 명나라 말기에 중국에 들어와 포교하던 이태리 신부.

原文 蓋異風殊道之國星羅碁布於普天之下時移物換而逐漸交通想於神市氏之世坐而論之則安知世間有奄蔡*安息*天竺*大秦之國耶然則高辛氏之世所謂執中而遍天下日月所照風雨所至莫不服從者蓋亦自好之說也余竊嗤之可惜

語譯 대개 풍속이 다르고 도가 다른 나라들이 별같이 벌려 있고, 바둑판 같이 퍼져 있어서 넓은 이 천하 밑에서 때로 다른 물건들을 바꾸면서 점점 좇아 서로 교통을 하니 신시씨의 세상에서 앉아서 그것을 생각해 논한다면 어찌 이 세상에 엄채, 안식, 천축, 대진의 나라들이 있었

다는 것을 알았겠는가! 그렇다면 고신씨의 세상에서 이른바 가운데를 잡아 천하를 두루 다스릴 때에 해와 달이 비치는 곳과 바람과 비가 이르는 곳에는 복종하지 아니함이 없었다라고 하니, 대개 또한 스스로 좋아해서 하는 말이다. 나는 간절히 그것을 부끄러워하고 있으니 가히 아깝도다.

註 奄蔡(엄채): 중국 서쪽에 있는 나라.
　安息(안식): 페르시아 지방에서 세력을 떨쳤던 나라.
　天竺(천축): 인도.

原文 近世學者拘於漢籍溺於儒術惛惛*然以外夷自甘動稱華夷*之說余於盛筵賓朋齊會皆雄談峻論*之輩余因醉揚臂而呼曰君等皆云華夷焉知我非華而中原之爲夷耶且夷者從大從弓東人之稱

語譯 근세에 학자들은 중국책에 얽매어 유교 방법에 빠져서 정신없는 듯이(멍청하게) 바깥 이족으로서 스스로 달게(좋게) 움직여서 중국과 이족이란 말이 일컬어지고 있다. 내 잘 차린 잔치에 가니 손님들과 벗이 많이 모였는데 다들 웅담준론하는 무리들이었다. 내(북애자)가 따라서 취해서 팔뚝을 걷어붙이고 부르짖어 말하길, 당신들은 다 중국과 이족을 얘기하나 어찌 우리가 중국이 아니고 중원이 이가 되지 않는다는 것을 어떻게 알겠느냐? 또 '이(夷)'라는 것은 대(大) 자와 궁(弓) 자를 따르는 것으로 동쪽 사람들을 일컫는 것이다.

註 惛惛(혼혼): 정신이 흐려 잘 잊어버리는 모양.
　華夷(화이): 중국과 이족.
　雄談峻論(웅담준론): 뛰어난 변설과 엄숙하고 날카로운 변론. 여기서는 다 자기 말이 멋진 말이다 라고 떠드는 말.

[原文] 太古我朝鮮以武强鳴於世故中原之士聞風懼之夷豈是戎狄之賤名耶國自上古人皆强勇質直雅好禮讓中土有東方君子之國之稱焉我國豈本戎狄之類哉鴨水以外縱橫萬里之地是乃我往聖先民艱苦經營之地也豈本是漢家物耶

[語譯] 아주 옛날 우리 조선은 무력이 강한 것으로써 세상에 이름났던 고로 저 중국 벌판의 선비들이 바람(소문)만 들어도 두려워했으니, 이(夷)라는 것이 어찌 저 서쪽의 융족이나 북쪽의 적족의 천한 이름이겠는가! 우리나라는 예부터 다 사람들은 강하고 용맹스러웠고, 바탕이 정직하고 아담했고 예로써 양보하기를 좋아하여 중국 사람들이 동방 군자의 나라란 일컬음이 있었던 것이다. 우리나라가 어찌 융족이나 적족 따위였겠는가! 압록강 물 밖에 가로세로 만리의 뻗친 땅이 이곳 우리의 지난날의 성스러운 조상들이 어렵고 고통스럽게 경영하던 땅이었으니 어찌 본래 이것이 중국의 물건이었던가!

[原文] 孔子之世周室旣衰外族交侵屬王敗死於犬戎其他北狄荊蠻山戎無終之屬侵偪不已我族亦以是時威振中土故孔子慨王政之不敷恨列國之交侵有志而作春秋尊華攘夷之說於是乎始立

[語譯] 공자의 세상에서, 주나라 왕실이 이미 쇠약해지면서 외민족들이

서로 다투어 중국을 침범하여 여왕(주나라 임금)이 패하여 견융족에게 죽어 버렸고, 기타 북적들과 형만과 산융들이 침략하고 압박하는 것이 그치지 않았으니 우리 동이족도 또한 이때로써 위력을 중국 땅에 떨쳤던고로 공자가 이미 왕정이 펴지지 않는 것을 개탄하고 모든 나라들이 서로 침범하는 것을 한탄하고, 뜻을 두어 춘추라는 책을 지었으니 중국을 높이고 이족을 물리친다고 하는 말이 여기서 비로소 세워졌던 것이다.

原文 若使孔子生於我邦則寧不指中土而謂戎狄之地乎滿座冷笑或驚怪不小縱有然之者竟不快應余蹴床而起人皆謂淸狂殊甚可歎

語譯 만약에 공자로 하여금 우리나라에서 태어나게 했더라면 어찌 중토를 가리켜서 융적의 땅이라고 말하지 아니 했겠는가! 자리에 가득한 사람들이 차게 비웃고 어떤 사람은 놀라고 괴상히 여기는 사람이 적지 않았는데, 비록 그런 자가 있었으나 마침내는 쾌히 응하지 않았다. 내가 상을 발길로 차고 일어나니 사람들은 다 좋게 미쳤다 라 이르더라. 자못 심히 가히 탄식할 뿐이로다.

原文 前者滿洲之有釁*廟議紛紜斥和者*亦以尊周爲重余不知其可矣若余復出此言於儕輩則渠等應必大驚小怪殆將不齒豈怪彼輩言

語譯 지난번에 만주와 틈이 있었을 때에(병자호란 때 만주와 우리가 싸웠다) 묘의(조정의 회의)가 분분하여 만주하고 화합하는 것을 물리치는 자들이 또한 주나라를 높이는 것으로 중요함을 삼았으니 나는 그

가함을 알지 못하겠도다. 만약에 내가 다시 이 말을 그 무리들에게 냈다면 그들은 크게 놀라고 조금은 괴상하게 여겼을 것이고, 거의 장차 한 대열에 끼워주지 아니할 것이니 어찌 저들의 말을 괴상하게 여기겠는가!

註 釁(흔) : 여기서는 병자호란을 말함.
斥和者(척화자) : 병자호란 때 김상흔파를 척화파라함. 병자호란 때 2파가 있었는데 김상흔파(척화파)는 끝까지 청나라와 싸우자고 했고, 최명길파는 싸우지 말자고 했다.

原文 箕子*之化則信漢武之討滅則信唐高之平定則信而殊不知我先民却有赫赫武勳之有足誇耀者耶余悲世俗不察其變漫以仲尼尊攘之意自誤焉

語譯 기자가 중국에서 우리나라에 와 다스렸다는 것은 믿고, 한무제가 토벌해서 멸했다는 것도 믿고, 당나라 고조가 평정했다는 것도 믿으면서, 자못 우리 선민들이 문득 빛나고 빛나는 무훈이 있어서 족히 자랑스럽고 빛남이 있었다는 것은 왜 알지 못하는가? 내 슬퍼하건대, 세속에서 그 변화하고 흩어지는 것들(세속의 인식이 바뀌었다는 사실)을 살피지 아니하고, 공자가 중국을 높이고 우리를 물리치는 뜻만 가지고 스스로 오해하고 있도다.

註 箕子(기자) : 은(殷)나라의 태사(太師). 주왕(紂王)의 숙부로서 주왕을 자주 간하다가 잡혀 종이 됨. 은나라가 망한 후 조선에 도망하여 기자조선을 창업(創業)하였다 함.

原文 夫神市肇降之世山無蹊隧*澤無舟梁禽獸成群草木

遂長民與禽獸居族與萬物幷禽獸可係羈而遊鳥鵲之巢可
攀援而闚飢食渴飲時用其血肉織衣耕食隨便自在是謂至
德之世也

語譯 대체로 신시(환웅천왕)가 처음 내려온 세상에서 산에는 길이 없었고, 연못에는 배나 다리가 없었고, 새나 짐승이 무리를 지어 살면서 초목이 자라나서 백성은 새와 짐승과 더불어 살고 있었고, 겨레와 만물이 아울러서 새나 짐승과 가히 매여서 같이 놀았고, 새나 까치의 둥지가 가히 사람의 손으로 잡아 당겨 엿볼 수가 있었다. 배가 고프면 먹고 목이 마르면 마시며 때로 피 흘리는 생고기를 먹으면서 옷을 짜 입고, 먹을 것을 밭 갈아 먹으며 편리한 것을 따라 스스로 살아가고 있었으니 이것을 일러 지극한 덕의 세상이라 했다.

註 蹊隧(혜수): 산의 좁은 길.

原文 民居不知所爲行不知所之其行塡塡其視顚顚*含哺
而熙鼓腹而遊日出而起日入而息盖天澤洽化而不知窘
乏者也降至後世民物益繁素樸漸離嚘嚘*蹍跂勞勞孜孜
始以生計爲慮於是焉耕者爭畎漁者爭區非爭而得之則
將不免窘乏也

語譯 백성들은 사는데 할 바를 알지 못했고, 행함에 그 가는 곳을 알지 못했으며, 그 행함을 거듭거듭하고, 그 보는 것도 한결 같았고, 배불리 먹고 밝게, 배를 두들기면서 놀고 있었다. 해가 나오면 일어나고 해가 들어가면 쉬며 대개 하늘의 혜택이 흡족하여서 궁핍함을 알지 못하고 살았다. 또 내려와 후세에 이르름에 백성과 물건이 더욱 번성하여

평소 소박함이 점점 떠나고 어그러져서 발을 절고 마음을 돌리고 발길로 차고 다리로 기며 수고롭고 부지런히 하여 비로소 생계를 걱정하게 되었다. 여기에서 밭가는 자들은 밭이랑을 다투고, 물고기 잡는 자들은 구역을 다투어서 얻지 못하게 된다면 장차 궁핍을 면하지 못했다.

註 顛顛(전전) : 한결같은 모양.
 蹩躠(별설) : 빙 돌아서 가는 모양.

原文 如是而後弓弩作而鳥獸遁網罟設而魚鰕藏乃至刀戟甲兵爾我相攻磨牙流血肝腦塗地此亦天意之固然而不可怨者也

語譯 이와 같은 이후에 큰 활을 만드니 새나 짐승은 도망했고, 그물과 그물을 설치하니 물고기와 새우들이 도망가 숨어 버렸다, 이에 칼과 창과 갑옷과 병장기를 만들어 너와 내가 서로 치게 됐고 이빨을 갈고 피를 흘려 간과 뇌(시체)가 길바닥을 덮었으니 이 또한 하늘의 뜻이 진실로 그러하므로 가히 원망할 수가 없었다.

原文 余嘗觀夫小兒纔出胎門便叫救我救我者盖其求哺也纔至行走便會厮打*厮打者欲其求强也余於是乎知爭獸之不可免也

語譯 내 일찍이 살폈으니 대체로 어린 아이들이 겨우 어머니 뱃속 태문을 나와서 문득 부르짖기를 구아구아(救我救我)라고 하니 대개 배부를 것을 요구함이요. 또 겨우 걸어 다님에 이르면 문득 모여서 시타시타라고 했으니 시타란 그 강함을 구하고자 하는 것이었다. 나는 여기

에 있어서 다투고 싸우는 것은 면할 수가 없는 숙명적인 것임을 알았 노라.

註 厮打(시타): 강함을 구하고자 하는 말('세다').

原文 夫月氏大秦之屬余不知其詳至若中國與倭隣接之國也翼在左右*而我國介處其間從古交爭最繁是亦必然之勢也

語譯 대체로 월씨(아라비아, 유럽, 이란, 이라크), 대진(로마 불란서 이태리) 따위는 나는 자세한 것은 알 수 없으나, 중국과 왜와 같은데 이르면 우리나라와 접한 나라들이다. 날개로 좌우에 있어서 우리나라는 그 사이에 끼어 있어 예부터 다투어 서로 싸움이 가장 빈번했으니 이 또한 필연의 형편이었다.

註 左右(좌우): 우리나라 왼쪽에 일본, 오른쪽에 중국이 있음을 말함.

原文 神市氏之御世已遠而民物之生愈往愈博民物之生愈博而所以被服飲食奉生送死之具愈見其耗是以始之熙熙者漸至忙忙夫忙忙求索者豈非爭亂之階歟

語譯 신시씨가 세상을 다스린 지 이미 멀어져서 백성과 물건이 생긴 것이 더욱 갈수록 넓어졌고, 백성과 물건이 생겨나는 것이 더욱 넓어짐에 입는 옷, 마시는 음식, 받들어 살아나가는 것, 죽음을 보내는 도구들이 더욱 소모되어 없어지는 것을 보게 되었다. 이로써 처음의 넓고 느긋하던 사람들이 점점 바쁘고 바쁨에 이르렀으니 대체로 바쁘고 바

쁘게 구하여 찾는 것이 어찌 다투고 어지러운 단계가 아니겠는가!

原文 及夫有巢燧人者西方之君也神市蚩尤者東方之君臣也御世之初各據一方地域逈殊人烟不通民知有我而不識有他故狩獵採伐之外曾無險役降至數千載之後而世局已變且中國者天下之寶庫也沃野千里風氣恢暢我族之分遷西南*者垂涎而轉進中土之民亦湊集萃會於是焉黨同讎異而干戈胥動此實萬古爭戰之始也

語譯 대체로 유소씨와 수인씨가 서방의 임금이 됨에 미쳐서 신시씨와 치우씨란 사람은 동방의 임금과 신하였다. 세상을 다스리던 처음에 각각 한쪽 지방에 웅거하여 지역이 아주 멀어서 사람들이 서로 통하지 못했으니 백성들은 나만 있다는 것만 알았지 남이 있다는 것을 알지 못했다. 그러므로 짐승 잡는 수렵, 나무를 자르는 채벌 이외는 일찍이 험한 일은 없었다. 세월이 내려와 수천 년 뒤에 이르러서 세상 형편은 이미 바뀌었고 중국이라는 것은 천하의 보배로운 창고였던 것이다. 기름진 벌판이 천리나 되는 넓은 땅에 바람기운도 아주 넓고 화창했다. 우리 민족이 나뉘어 서남쪽으로 옮겨 간 사람들이 뻗어나가 앞으로 전진해 나갔으니, 중국 땅의 백성들도 또한 모이고 모였고, 여기에서 같은 무리들은 같이 하고 원수는 달리 차별해서 방패와 창(전쟁)이 서로 움직이게 되니 이것이 실로 만고의 다투고 싸우는 전쟁의 시작이었다.

註 西南(서남) : 중국 땅.

原文 初炎帝*之世中土之民漸至盛阜穀麻藥石之術亦已

稍備及累傳至於楡罔之世而爲政束急諸候携貳民心離
散世道多艱我蚩尤氏與其民衆虎踞河朔內養兵勇外觀
時變及觀楡罔之衰政乃興兵出征選兄第宗黨可將者八
十一人部領諸軍發葛盧山之金大制劒鎧矛戟大弓楛矢
一幷齊整乃發涿鹿*而登九渾連戰連捷勢若風雨懾伏萬
民威振天下一歲之中凡拔九諸侯之地更就雍狐之山發
水金而制芮戈及雍狐之戰再整兵而出洋水殺至空桑空
桑者今之陳留楡罔所都也

語譯 처음 염제 때의 세상에서는 중국 땅의 백성들은 점점 왕성하고 큰 데까지 이르렀고 곡식과 삼과 약과 침의 방법(의술)이 또한 이미 차츰차츰 갖추어졌다. 여러 번 전함에 미쳐서 유망의 세상에 이르름에 정치를 하는 사람들이 아주 꼭 묶어 놓고 조급하게 다루었으니 제후들이 두 마음(배반할 마음)을 품게 되어 민심이 떨어지고 흩어졌고 세상의 도가 어려움이 많아졌다. 우리 치우씨가 그 백성 민중들과 더불어 하수 북쪽에 자리 잡고 안으로 군대를 키우고 밖으로는 때의 변화를 보다가 유망의 쇠약한 정치를 보고 이에 군대를 일으켜 정벌하러 갔으니 그때 형제일가붙이 중에 장수할 만한 자 81명을 뽑아서 모든 군대를 거느리게 하고 갈로(葛盧)산의 금을 캐내어 크게 칼과 투구를 만들고 창과 창을 만들며 큰 활과 또 싸리나무로 만든 화살을 만들어 내고 한결같이 군대를 아울러 가지런히 정돈하여 이에 탁록을 출발하여 구혼에 올라서 연거푸 싸워 연거푸 이겼으니 형편이 바람의 비 같아 두려워서 만 백성들이 복종하였으니 위엄을 천하에 떨쳤다.

註 炎帝(염제) : 염제 신농(炎帝神農)씨를 일컬음. 중국사의 三皇(삼황) 가운데 두 번째 황제. 농사, 의약의 시조라 한다. 그의 연대는 B.C.3218~

3078이다.

신농씨(神農氏)는 백가지 풀을 가지고 약을 만들었고, 소전(少典)의 아들이다. 少典(소전)은 웅씨(熊氏)에서 나누어진 한 갈래이며 우리의 족속이다. 소전은 일찍이 배달나라 제8세 안부련환웅(安夫連桓雄)의 명을 받아 강수(姜水)에서 군사를 감독했다.

삼황(三皇)은 중국 고대의 천자(天子). 곧 복희씨(伏羲氏), 신농씨(神農氏), 황제(黃帝) 또는 수인씨(燧人氏). 일설(一說)에는 포희씨(包犧氏), 여왜씨(女媧氏), 신농씨(神農氏). 또 일설(一說)에는 천황씨(天皇氏), 지황씨(地皇氏), 인황씨(人皇氏).

涿鹿(탁록) : 하북성 북쪽에 있다.

原文 一歲之中更兼十二諸侯之國殺得伏尸滿野中土之民莫不喪膽奔竄時楡罔使小顥拒戰蚩尤氏揮雍狐之戟大戰小顥又作大霧使敵兵昏迷自亂小顥大敗落荒而走入空桑與楡罔出奔反入涿鹿蚩尤氏乃於空桑卽帝位回兵圍攻於涿鹿之野又大破之管子所謂天下之君頓戟一怒伏尸滿野者是也

語譯 한 해 가운데에 아홉 제후의 땅을 항복받았고 다시 옹호의 산에 나아가서 물에서 나는 금을 캐내서 예과(芮戈) 및 옹호의 창을 만들어서 다시 군대를 정돈하고 양수를 출발하여 공상에 이르렀으니 공상이란 것은 오늘날의 진류로서 옛날 유망의 도읍지이다. 한 해 가운데에 다시 열두 제후의 나라를 아울러 차지해서 죽여 엎드려 있는 시체가 들에 가득하여 중국 땅의 백성들이 간담이 서늘하여 도망가고 숨지 아니함이 없었다. 이때에 유망이 소호로 하여금 나가 싸우게 했으며, 치우씨가 옹호의 창을 휘둘러서 크게 소호와 싸움에 또 큰 안개를 일으켜 적

병으로 하여금 어둡고 흐리게 하여 스스로 어지럽게 했으니 소호가 크게 패하여 정신없이 달아나 공상으로 들어가 유망과 더불어 도망하여 도리어 탁록으로 들어 갔다. 치우씨가 이에 공상에서 임금의 자리에 올라 군대를 돌려 유망을 포위하고 탁록의 들을 공격하여 또 크게 깨뜨렸으니 관자란 사람이 이른바 "천하의 임금이 창을 정돈하여 한번 성내니 넘어져 있는 시체가 들에 가득했다"라는 말은 이것을 말한 것이다.

原文 時有軒轅者聞知楡罔敗走而蚩尤氏爲帝欲代以爲君乃大興兵與蚩尤氏拒戰蚩尤氏大戰軒轅於涿鹿縱兵四蹙斬殺無算復作大霧令敵軍心慌手亂奔竄逃生

語譯 이때에 헌원이란 자가 있어서 유망이 패하여 도망갔다는 것을 들어 알고, 치우씨가 황제가 되니 대신 임금이 되고자 하여 이에 크게 군대를 일으켜서 치우씨에게 도전했다. 치우씨가 크게 헌원과 탁록에서 싸움에 군대를 풀어 놓아 사방으로 좁혀 마구 죽임을 계산할 수가 없었고, 다시 큰 안개를 일으켜서 적군으로 하여금 마음을 어지럽게 하고 손도 제대로 놀리지 못하게 하여 도망가 숨어서 살게 했으니

原文 於是淮岱*冀兗*之地盡爲所據乃城於涿鹿宅於淮岱遷徙往來號令天下盖是時中土之人徒憑矢石之力不解鎧甲之用又値蚩尤氏法力高强心驚膽寒每戰輒敗雲笈軒轅記之所謂蚩尤始作鎧甲兜鍪時人不知以爲銅頭鐵額者亦可想見其狼狽之甚矣

語譯 이에 회수와 태산과 기주와 연주의 땅을 다 차지하는 바 되어서

이에 탁록에 성을 쌓고 회수 태산에다 집을 지었으니 대개 이때에 중국 땅의 사람들은 한갓 화살과 돌의 힘만을 믿고 투구와 갑옷의 사용을 이해하지 못했으며 또 치우씨의 법력의 높고 강한 것을 만나서 마음으로 놀라고 담이 서늘해져서 매번 싸울 때마다 문득 패했으니 운급(雲笈)에 있는 헌원이 그것을 기록해 이른바 치우가 처음으로 갑옷과 투구를 만들었으나 그때 사람들이 알지 못했고, 동으로 만든 머리에 쇠로 만든 이마라고 말했으니 또한 가히 그 낭패가 심했다는 것을 상상해 볼 수 있다.

註 淮岱(회대): 회수와 태산 산동반도 남쪽. 강소성, 안휘성 일대.
　冀兗(기연): 기주와 연주.

原文 蚩尤氏益整軍容四面進擊十年之間與軒轅戰七十餘回將無疲色兵不退後軒轅旣屢敗乃復大興士馬效蚩尤氏而廣造兵甲又制指南之車*期日會戰時蚩尤氏仰觀天象俯察人心深知中土王氣漸盛且炎帝之民所在固結不可勝誅況各事其主不可漫殺無辜乃決意退還

語譯 치우씨가 더욱 군대의 모습을 정돈하여 사면으로 진격하여 10년 사이에 헌원과 더불어 싸우기를 70여 번이나 했었는데도 장차 피곤한 얼굴색이 없었고 군대는 뒤로 물러갈 줄 알지 못했다. 헌원이 이미 여러 번 패했고 이에 다시 크게 군대를 일으킴에 치우씨를 본받아서 널리 병장기와 갑옷을 만들고, 또 지남차라는 것을 만들어서 날을 잡아 모여서 크게 싸웠으니 때에 치우씨는 하늘을 우러러 그 모습을 관찰하고 구부려 사람의 마음을 관찰하여 깊이 알아보니 중국 땅의 왕성한 기운이 점점 성해지고 또 염제의 백성들은 있는 곳에서 굳게 단결하여

가히 이들을 다 죽일 수가 없었다. 하물며 각각 그 임금을 섬김에 가히 헛되게 무고한 사람을 죽일 수 없었으니, 이에 뜻을 결정하여 물러나 돌아오기로 하고,

註 指南之車(지남지차) : 방향을 아는 수레.

原文 使兄第宗黨務要大戰而立威使敵不敢生意追襲復與軒轅大戰混殺一陳然後方退此時部將不幸有急功陣沒者史記所謂遂禽殺蚩尤者盖謂是也

語譯 형제 종당들로 하여금 힘써 중요하게 크게 싸우면서 위엄을 세워 적으로 하여금 감히 뒤 쫓아 습격할 마음을 먹지 못하게 하고, 다시 헌원과 더불어 크게 싸워서 마구 한 무리를 죽인 연후에 바야흐로 후퇴했던 것이다. 이때에 부장 중에 불행히도 공을 서둘러 세우려다가 진안에서 죽은 자가 있어 사기에 이른바 드디어 치우를 사로잡아 죽였다는 말이 있는데 대개 이것을 두고 말한 것이다.

原文 蚩尤氏乃東據淮岱之地以當軒轅東進之路及至其沒漸至退嬰矣今據漢地理誌其墓在東平郡壽張縣闞鄉城中高五丈

語譯 치우씨는 이에 동쪽으로 회수와 태산의 땅을 점거하여 써 헌원이 동쪽으로 나오는 길을 막고 있었고, 치우씨가 죽음에 이르러 점점 뒤로 물러나고 기운이 줄어드는데 까지 이르렀다. 지금 한나라 역사지리지를 살펴보니 그(치우씨) 묘가 동평군 수장현 감향성에 있는데 그 높이가 다섯 길이라 한다.

原文 秦漢之際住民猶常以十月祭之必有赤氣出如疋絳民名謂蚩尤旗豈其英魂雄魄自與凡人逈異歷千歲而猶不泯者歟蚩尤氏雖然退歸中土以是肅然楡罔亦不得復位炎帝之業以是永墜矣

語譯 진나라 한나라 때에는 백성들이 항상 10월로써 제사를 지냈는데 반드시 붉은 기운이 나와 붉은 비단과 같았으니 백성들이 이름하여 이르기를 치우 깃발이라 했다. 어찌 그 영특한 혼과 큰 넋이 스스로 뭇사람들과는 아주 특이하고 달라서 천년을 지났는데도 오히려 없어지지 않는 것인가! 치우씨가 비록 그렇게 물러나 돌아 왔으니 중토가 이로써 쓸쓸해졌다. 유망이라는 땅도 다시는 회복되지 못했고, 염제의 업도 이로써 영원히 떨어지고 말았다.

原文 自是軒轅代爲中土之主是爲黃帝而蚩尤氏兄第諸人乃永據淄靑聲威自是不減黃帝氏亦不得自安終其世未嘗安枕高臥

語譯 이로부터 헌원이란 사람이 대신 중국 땅의 임금이 되어 바로 황제가 된 것이다. 그리고 치우씨의 형제 모든 사람들은 이에 길이 치주 청주 땅에 자리잡고 살았으니 그 소문과 위엄이 이로부터 계속되었다. 황제란 사람은 또한 능히 스스로 편안할 수 없어서 세상을 마치도록 일찍이 편안하게 높은 베개에서 자지 못했다.

原文 史記所云披山通道未嘗寧居邑于涿鹿之河遷徙往

來無常處以師兵爲營衛者盖其戰兢*之意歷歷可觀
而尙書呂刑亦云若古有訓蚩尤惟始作亂彼之畏威而世
傳其訓亦甚明矣

語譯 사마천이 쓴 사기에 이른바 산을 헤치고 길을 냈고 일찍이 편안히 살수가 없어서 탁록 물가에 고을을 만들어 옮겨 오고가며 떳떳이 살 곳이 없어 군대로써 집을 지키고 살았다고 했으니, 대개 그 두려워했던 뜻이 역력히 드러남을 가히 볼 수 있다.

　상서 여형편에 또한 이르기를 옛날에 가르침이 있었으니 치우가 오직 처음에 난을 일으켰다 했다. 그러니, 저들이 위력을 두려워하여 대대로 교훈을 전했었음을 또한 심히 밝힌 것이다.

註 戰兢(전긍) : 전전긍긍. 두렵고 조심스러움.

原文 其後三百餘年無事只與小昊氏戰破之以至檀君元年前後凡闕千*歲闕者萬*之稱也今之稱久遠者必曰闕千歲闕千歲者盖神市氏之御世至萬千歲定爲我國最長年代故也或曰神市氏之後高矢氏與蚩尤氏相繼爲君前後合算爲闕百*歲而檀君復立云此說亦近理大抵太古之事鴻荒闊遠不可得而詳矣

語譯 그후 300여 년 동안 아무런 일이 없었고 다만 소호씨와 더불어 싸워서 그를 깨뜨렸고, 단군 원년에 이르기까지 앞뒤 무릇 궐천년이었으니 궐이라는 것은 만을 말하는 것이다. 오늘날 오랜 세월을 일컫는 것을 반드시 궐천세(闕千歲)하고 말하니 궐천세(闕千歲)라고 하는 것은

대개 신시씨가 세상을 다스림이 만천년에 이르렀다는 것으로 이것이 우리나라가 가장 긴 연대가 되는 까닭인 것이다. 어떤 사람은 말하기를 신시씨의 뒤로 고시씨와 치우씨가 서로 이어서 임금이 되었었으니 앞 뒤 계산을 합쳐 궐백세(闕百歲)가 된다고 했으며, 단군이 다시 섰다 라고도 말한다. 이 말은 또한 이치에 가깝긴 하나 대체로 아주 옛날의 일은 크고 거칠고 넓고 멀어서 가히 능히 자세히 알 수가 없는 것이다.

註 천(千) : 즈믄.
　만(萬) : 궐(골).
　백(百) : 온.
　억(億) : 잘.

三. 檀君記 단군기

原文 神市氏寔爲東方人類之祖鴻荒之世開創之業賴以成焉盖檀君以前首出之聖人也古有淸平山人李茗者高麗時人有震域遺記三卷引朝代記備載我國故史比於一然之書甚相逕庭*中多仙家語*

語譯 신시씨가 이 동방인류의 할아버지가 되어서 홍황의 세상(천지가 쪼개지기 전)에 처음 나라를 여는 일이 힘입어 이루어졌으니 대개 단군 이전에 제일 먼저 나온 성인이다. 옛날에 청평산인(淸平山人) 이명(李茗)이라는 사람이 있었는데 고려말 사람으로 진역유기(震域遺記) 3권을 썼는데 조대기(朝代記-발해 역사책)를 인용하여 우리나라의 옛 고사를 갖추어 실었으니 일연의 책(삼국유사)에 비교해 보면 크게 차이가 난다. 그 가운데에는 신선 집 얘기(즉 도교 술어)가 많더라.

註 逕庭(경정) : 숙어로서 徑은 작은 길이라 좁고, 庭은 뜰이 넓다는 뜻으로 현격한 차이를 이름(逕庭).
仙家語(선가어) : 도교 술어.

原文 余以爲我國以神設敎從古爲俗沈漸於人心者久矣故說史者不可只擬班馬*之筆而跼蹐*焉

語譯 나는 생각하기를 우리나라는 신으로써 가르침을 베푸는 것이 예부터 풍속이 되어서 사람의 마음을 거기에 점점 잠기게 하는 것이 오래 되었다. 고로 역사를 설명하는 사람들은 가히 다만 반마(중국의 반고와 사마천)의 한서에 비교하면서 구부리고 구부러지지는 아니했다.

註 班馬(반마) : 반고(중국한서를 씀)와 사마천(사기).
　跼蹐(국척) : 跼天蹐地(국천척지)로서 머리가 하늘에 닿을까 두려워하여 몸을 구부리고 땅이 꺼질까 두려워하여 발끝으로 살살 디디어 걷는다는 뜻으로 두려워 몸 둘 곳을 모름을 이름.

原文 夫漢自是漢我自是我也豈堂堂震域必擬漢制以後乃足乎況國史蕩失於屢經兵火之餘今僅存者只是道家及緇流*之所記傳而僥倖得保於岩穴者也

語譯 이 한나라는 한나라일 뿐이요 우리나라는 스스로 우리나라일 것이니 어찌 당당한 우리 진역(震域)이 반드시 중국 제도에 의지해서만 이에 족하겠는가! 하물며 국사가 여러 번 병화를 겪은 나머지에 전부 잃어 버리게 되어서 지금 겨우 남은 것은 다만 이 도교의 집과 및 치류(불교 믿는 중)들이 기록해서 전하여 요행히도 저 바위 구멍 속(산 속에 중들이 살고 있으니)에서 보존되고 있는 것이다.

註 緇流(치류) : 불교를 믿는 중들. 승도(僧徒).

原文 道家旣承檀儉神人所創之源流而又得文獻之殘胍則其論東史者大有愈於緇流所記多出於牽强傅會*臆爲之說者也余寧取淸平之說而欲無疑云

語譯 도가들은 이미 단군 왕검의 신인이 지은 바의 근원을 이어 받았고, 또 문헌의 남은 찌꺼기의 줄기를 얻었으니 즉 그 우리 동쪽 역사를 논하는 자들은 크게 중들이 기록한 것보다는 나음이 있으나, 많이 견강부회(牽强傅會)해서 나옴이 많아 억측으로 말들을 하고 있다. 내 차

라리 청평(이명)의 말(진역유기)을 취해다가 의심이 없게끔 하고자 하노라.

註 牽强傅會(견강부회) : 억지로 끌어당긴다는 뜻으로 이치에 맞지 않는 것을 그럴듯하게 꾸며댐.

原文 桓雄天王御世凡闋千歲是卽神市氏蓬亭柳闕*而居陶髮跨牛而治處無爲之事敷自然之化開創成業源流萬世及其暮年見功業已完民物樂生登太白山乃置天符三印於池邊石上檀木之下因化仙乘雲而朝天是以名其池曰朝天*

語譯 환웅천왕이 세상을 다스린 지 만천 년이 지났으니 이것은 즉 신시씨가 봉정유궐에 살고 있었는데 머리를 크게 땋았고 소를 타고서 다스렸으며, 하는 일이 없이도 일이 처리되었으며 자연의 교화를 베풀어서 나라를 열어 이룬 업이 만세의 근원으로 흐르게 된 것이다. 이에 그 늙은 나이에 미쳐서 공업(功業)이 완성된 것과 백성과 물건들이 즐겁게 사는 것을 보고 태백산에 올라가서 이에 천부인(하늘의 명령을 받아 가지고 온 세 가지)을 연못가 돌위 박달나무 아래에다 두고 따라서 신선이 되어서 구름을 타고 하늘에 올라갔다. 이로써 연못을 일러 말하기를 조천지(백두산 천지)라 했다.

註 蓬亭柳闕(봉정유궐) : 쑥집 정자와 버드나무 대궐.
朝天池(조천지) : 백두산 천지의 맨 처음 이름이고 하느님을 배알하는 연못이라는 뜻이다.

原文 高矢氏諸人奉天符三印共推其子桓儉神人爲君長
是爲壬儉壬儉者君長之意也新羅所謂尼師今*者亦此類
也以今追計約算四千餘歲正與唐堯同時世俗所謂與堯
幷立者是也因稱檀君檀君者朴達壬儉之譯也盖神市氏
已降於檀木之下而桓儉神人*復踐阼於檀樹下故因以檀
爲國名則檀君者檀國之君也

語譯 고시씨가 여러 사람과 천부인 세 개를 받들어서 다 함께 그 아들 환검신인을 추대하여 임금 어른으로 삼았으니 이가 바로 임검이 된 것이다. 임검이란 것은 임금 어른(군장)이란 뜻이니 신라에서 이른바 이사금이란 것이 또한 이 종류이다. 지금부터 거슬러 올라가 계산해 보니 4000여 년이고 정히 연대로 보아 당요와 더불어 같은 시대였으니 세상 풍속에서 이른바 요임금과 더불어 나란히 섰다라는 말은 이것을 두고 한 것이다. 따라서 단군이라 일컬었으니, 단군이란 것은 박달임금의 번역이다. 대개 신시씨가 이미 박달나무 아래 왔었는데 환검신인이 다시 박달나무 아래에서 임금 자리에 올랐던 고로 따라서 박달나무 단으로써 나라이름을 삼았으니 즉 단군이란 것은 박달나무 있는 나라의 임금이란 것이요.

註 尼師今(니사금) : 신라 때 임금의 칭호인데 유리왕(3대)에서 보성왕(18대)까지 사용함.

桓儉神人(환검신인) : 제1대 단군왕검(단검신인).

原文 而東語謂檀曰朴達或曰白達謂君曰壬儉當時無漢
字故只稱白達壬儉而後世之述史者譯以檀君復傳至後

世則只記檀君字而不知檀君之爲白達壬儉之譯此漢字
之功罪相半也今若以諺書幷用則必無是弊而草野愚夫
亦可易曉文化之啓發更可速矣此未遑*長述於是相地於
諸州乃建都于太白山西南牛首河之原曰壬儉城今滿洲
吉林之地有蘇密城*在於涑沫江之南此卽其地也涑沫江
亦稱蘇密河乃古之粟末水也

語譯 우리나라(동쪽) 말에 박달나무를 일러 말하기를 박달이라고 하고 또 어떤 사람들은 백달이라고 했고, 임금을 일러 임검이라 했다. 당시에는 한자가 없었던 고로 다만 백달임검이라 일컬었는데 후세에 역사를 쓰는 자들이 번역하여서 단군이라 한 것이고, 다시 후세에 전해 이르렀으니 즉 다만 단군이란 글자만을 기록하고 단군이 백달임검의 번역이 된다는 것을 알지 못하고 있으니 이것은 한자의 공과 죄가 서로 반반이 되는 것이다.

  지금 만약에 언문으로써 나란히 썼다면 즉 반드시 이런 폐단은 없었을 것이고 시골 들판에 사는 어리석은 남자라도 또한 가히 쉽게 깨달았을 것이며 문화가 열려 피어남도 다시 가히 빨랐을 것이다. 이것에 대해서는 길게 쓸 겨를이 없도다. 이에 땅을 여러 고을에서 살펴서 태백산 서남쪽의 우수하의 언덕에다 도읍을 세워 말하기를 임검성이라 했으니, 오늘날 만주 길림의 땅으로 소밀성이 있는데 속말강의 남쪽에 있으니 이것이 즉 그 땅이었도다. 속말강이란 또한 소밀하를 말하는 것이니 곧 옛날의 속말수라는 것이다.

註 未遑(미황) : 미처 겨를을 내지 못함. 미처 겨를이 없다.
    蘇密城(소밀성) : 송화강 하얼빈(소도경전본훈) 단군조선의 수도. 발해 중경 현덕부가 이곳에 있었다.

原文 新羅時有粟末靺鞨*者占居粟水之地及大氏*之興爲其先驅盖靺鞨者古肅愼*之後而亦檀帝遺族也後屬淩夷盡擲先祖之舊疆於他人之手而區區靺鞨一支猶能接息於枌楡之地大氏一號影從者數十萬天門*大捷國基賴定夫豈偶然也哉

語譯 신라 때 속말과 말갈이란 사람들이 있어 속수의 땅을 점령하고 살고 있다가 대씨(발해)들이 일어남에 미쳐서 그 선구가 되었었으니 대개 말갈이라는 자는 옛날 숙신의 후예로서 또한 단군황제의 유족들이다. 후손들이 무너져 다 선조들의 옛 땅을 다른 사람(중국)의 손에다가 넘겨주고 그리고 보잘것없는 말갈 한가닥만이 오히려 능히 분유의 땅에 서식하고 살다가 대씨가 한번 호령함에 그림자 같이 뒤를 따른 자들이 수십만으로 천문에서 크게 이겨서 나라의 기틀이 힘입어 정하여 지게 되었다. 대체로 어찌 우연이었겠는가?

註 靺鞨(말갈): 배달민족의 한 갈래로 肅愼(숙신)의 후예이고 여진족의 조상들이다. 서기 1세기 전까지 숙신. 4세기까지 읍루(挹婁) 5세기부터 6세기까지 勿吉(물길)이라 하다가 말갈로 불리웠다.

大氏(대씨): 대조영(발해의 처음왕).

肅愼(숙신): 우리 겨레의 한 갈래로 말갈의 선조. 숙신의 경계는 남쪽의 백두산을 포함하여 북쪽은 약수(弱水) 동쪽은 대해(大海)에 접하고 있어 그 넓이가 수 천리에 달했는데 길림(吉林), 영고탑(寧古塔), 흑룡강(黑龍江)에 이르렀다. 지금의 중국 길림성, 흑룡강성, 연해주와 우리나라 개마고원이 포함되는 관북지방이 된다. 후에 읍루, 물길, 말갈로 이어지며 발해와 금나라 청나라도 여기에서 일어났다. 그런데 후세에 이들을 오랑캐라 부르니 말하자면 우리가 중국사람 말을 쫓다보니 우리 스스로를 오랑캐라 부르는 어리석은 꼴이다.

天門(천문): 연경의 서울.

原文 蓋蘇密涑沫粟末皆與牛首*之意相近歷世傳訛猶不失其意豈聖人所宅神化洽被經萬載而其韻不絶者耶今春川清平山南十餘里昭陽新淵兩江*合襟之處有牛頭大村山中展闊而江流抱回是爲貊國故都貊國*亦出於檀氏之世則建都襲名必有之理也

語譯 대개 소밀(蘇密)과 속말(涑沫), 속매란 말이 다 우수라는 뜻과 더불어 서로 가까운데 세상을 지나 전해내려 오면서 잘못되었는데도 오히려 그 뜻은 잃지 않았으니 아마도 성인이 살던 곳에 신령스러운 교화가 흡족히 입혀서 만년을 지났는데도 그 소리가 끊이지 않고 남아 있는 것인가? 지금 춘천 청평산 남쪽 십리 남짓한 데에 소양이란 새 연못이 두강이 합해 만나는 곳에 우두대촌이 있는데 산 가운데가 넓게 펼쳐지고 강의 흐름이 안아돌고 있으니 이것이 바로 옛날 맥국의 옛 도읍지였던 것이다. 맥국도 또한 단군의 세대에서 나왔은즉 도읍을 세우고 이름을 이어감이 반드시 이치가 있었을 것이다.

註 牛首(우수): 소밀, 속말 또는 속매라는 말이 변하여 소머리가 됐다. 소머리 놓고 제사를 지냈기 때문이다. 그리고 牛首山은 하늘에 제사를 지낼 때 소머리 놓고 제사지내는 산이었다.
兩江(양강): 소양호와 춘천호.
貊國(맥국): 지금의 춘천 소양강 북쪽에 서울이 있었던 옛 나라.

原文 清平云粟末水之陽有渤海中京顯德府地此乃檀帝始都處故壬儉城卽平壤也北去上京忽汗城六百里云又曰高王夢有神人授以金符*曰天命在爾統我震域故國號

曰震建元曰天統恒敬祀于天

語譯 청평산인이 말하기를 속말수의 북쪽에 발해 중경의 현덕부란 것이 있으니 이것은 곧 단군이 처음 도읍을 정했던 곳인 고로 임검성 곧 평양이로다. 북쪽으로 상경 홀한성이 600여 리로 거리가 있다. 또 말하기를 고왕의 꿈에 신인이 있어 금부적(신표 즉 인증증명서)을 주며 말하기를 하늘의 명령이 너의 몸에 있으니 우리 진역을 거느려라 라고 했던 고로 나라이름을 진이라고 했다 하고, 또 연호를 세워 말하기를 천통이라 했고 항상 하늘에다 공경히 제사를 지냈었다.

註 金符(금부) : 부적, 신표. 즉, 인증 증명서.

原文 及至子孫驕逸而漸廢亦幷事儒佛國遂衰云今內外載籍幷無是語盖忽汗*之敗遼虜凶殘宮室庫藏焚燒略盡復豈有載籍之得存者耶雖然渤海王子大光顯以下來投於高麗者甚衆中多公侯卿相*及慷慨泣血之士*淸平所記盖有據於渤海人之所秘藏者也可怪

語譯 그 자손들이 교만하고 방일하여 점점 망가졌고 또한 아울러 유교와 불교를 섬기면서 나라가 드디어 쇠약해졌다 라고 했다, 지금 내외 모든 책들에 아울러 이러한 말은 없는 것이다. 대개 홀한이 패하고 요의 포로들이 흉악하고 잔인하여 집과 창고들을 다 불살라 없어졌으니 다시 어찌 책에 실려 남아 있는 것이 있겠느냐. 비록 그러나 발해 왕자인 대광현을 비롯한 많은 무리들이 고려에 와서 투항한 자가 심히 많았는데, 그 가운데는 공후경상들이 많았고 또 강개 읍혈지사가 많았다. 청평산인이 기록한 바는 대개 발해 사람들이 비밀히 보관해 내려 온데

에 근거를 두었다. 가히 괴상하도다.

註 忽汗(홀한) : 발해 나라의 도읍지로서 지금의 중국 흑룡강성 목단강 근처
　　에 홀한해라는 호수가 있다.
　公侯卿相(공후경상) : 지방제후들 재상, 대신.
　泣血之士(읍혈지사) : 애국선비.

原文　金富軾*爲仁宗修三國史記而二千載往聖之遺烈闕
而無述只以海東三國*歷年長久古記文字蕪拙事迹闕亡
前言往事幽昧如彼等語謀逃其責至於東川遷都之年而
僅有平壤者本神人王儉之宅也或云王之都王儉等字當
時較今猶近古五百年而古記之散亡無徵曾若是其甚耶

語譯　김부식이 인종을 위해 삼국사를 쓸 때, 2000년 지난, 성스러움이 끼쳐 내려온 빛난 역사를 다 빠뜨리고 쓰지 않았고, 다만 해동 삼국으로서 역년(歷年)이 제일 길고 오래다 하고, 옛날 문자는 거칠고 졸렬해서 그 일의 자취가 다 없어지고 빠졌다 라고 하고, 앞사람의 말과 지나간 일들은 어둡고 어둡다고 말하면서 저와 같은 말로 그 책임을 회피하려 했고, 고구려 동천왕이 도읍을 옮긴 해에 이르러서 겨우 평양이란 본래 신인 왕검의 집이었다고 했다. 어떤 사람이 이르기를 왕의 도읍과 왕검 등의 글자는 당시로부터 오늘에 비교해 보더라도 오히려 옛날로 500여 년이 더 가까운 것인데 옛날 기록이 흩어져 없어졌다하여 증명할 수 없다는 것이 일찍이 이와 같이 그 심했던가?

註 김부식(金富軾) : 서기 1075년(고려 문종 29년)에 나서 1151년(의종 5년)에 만76세로 죽음. 고려 전기 귀족 문화를 대표할 수 있는 인물이며 그는 신라혈통을 이은 경주김씨로서 국권을 장악하고 서경천도를

막았으며 문풍을 좌우하던 인물이었다.
海東三國(해동삼국): 고구려, 백제, 신라.

原文 且朝代記之名與朝鮮秘記誌公記三聖密記等書現於世祖求書之諭而金氏之世獨無此書耶盖三國鼎立*互事呑嗜新羅終致聯唐兵而覆麗濟厥後渤海雖興只與新羅南北相對不惟秦越而已是以弓裔*襲據漢北之地則恨平壤之茂草聲言爲高句麗報讐而浿西*諸鎭望風歸服立國建元威壓列州甄萱*叛據完山則憤百濟之衰亡以雪義慈宿憤爲言而西南州縣所至響應建都設職喜得人心

語譯 또한 조대기란 이름과 고조선 비기와 지공기, 삼성 밀기 등의 책이 세조가 책을 구하는 교서에 나타나고 있는데 그런데 김씨의 세상에서 다만 이러한 책이 없었다는 것은 말이 되지를 않는다. 대개 삼국이 나란히 정립한 것은 서로를 호시탐탐 씹는 일로 일삼았는데 신라는 끝내 당나라 군대와 연합을 이루어서 고구려와 백제를 전복하고 그후 발해가 비록 번영하기는 했으나 다만 신라로 더불어 남북이 서로 버티고 있으면서 오직 진나라 월나라 일 뿐만이 아니었으니(국경을 넘으려고 하지 않음) 이로써 궁예가 한수 북쪽 땅을 습격해 차지했고 평양의 무성한 풀을 한탄하며, 고구려의 원수를 갚겠다고 부르짖으니 대동강 서쪽에 있는 모든 진(고을)들이 바람같이 돌아와 복종했다.
 나라와 연호를 세워서 여러 고을들을 위협으로 눌렀고, 견훤도 완산을 반란해 점거했으니, 즉 백제가 쇠망한 것을 분통히 여겨 의자왕의 묵은 분함을 설욕하겠다고 말하니, 서남쪽의 고을과 고을이 향응(소리에 따라 옴)하는 데에 이르러 도읍을 정하고 벼슬을 설치하여 사람의 인심을 얻고 기뻐했다.

註 鼎立(정립) : 솥발과 같이 세 곳에 나누어 섬.
　弓裔(궁예) : 신라왕족으로 송악(개성)에서 후고구려를 건국 후에 마진, 태봉으로 나라이름을 바꾸는데 점차 폭군이 되어 신하들에게 쫓겨나 백성들에게 맞아 죽음.
　浿西(패서) : 대동강 서쪽(평안도지방).
　甄萱(견훤) : 완산주(전주)에서 후백제를 세움(892년). 후부인의 아들 금강을 왕에 앉히려다 선부인의 세 아들이 금강을 죽이고 큰 아들 신검이 왕위에 올라 자기를 가두자 탈출해 왕건에게 항복함.

原文 高麗旣承羅後而疆土不出鴨水以外一步之地自與北方無涉且遼金之勢威壓境上區區鴨水以南數千里地更非雄邦巨國之比則民氣之衰微自有甚於古者矣是以金氏撰史之時已無過問鴨北之事者况平壤之地荒廢頗久舊基雖存而荊棘滋茂蕃人遊獵侵掠邊邑者麗太祖初年所記也然則高句麗亡後三百年而平壤不免荊棘渤海人之遊獵其間者則輒稱之以蕃人侵掠邊邑則只恨其大害然則忽汗敗而大氏之來奔高麗者亦家敗而睦族之類而已

語譯 고려가 이미 신라를 이은 뒤에 강토가 압록강 밖(이북)으로 한 걸음도 나가지 못했고, 스스로 북방과 더불어는 건넘이 없었다. 또한 요나라와 금나라의 세력이 고려 경계 위를 위협적으로 눌렀으니 쩨쩨한 압록강 이남 수천 리 땅이 다시 큰 나라의 비할 바가 아니었으며,

백성의 기운이 쇠약해지고 작아짐이 스스로 옛날에 비해 심했도다. 이로써 김부식이 역사를 쓰던 때에는 이미 압록강 이북의 일에 대해서 지나쳐 묻는 자가 없었다. 하물며 평양이란 땅도 황폐해진지 오래되어서 옛날 터는 비록 남아 있으나 가시덤불만이 무성하여 변두리 사람들이 놀러와서 사냥하고 있었고 또 고려 변방 고을을 침범해 약탈했다는 것이 고려 태조 초년의 기록이다. 그렇다면 고구려가 망한 후에 300여 년 동안 평양은 가시덤불을 면하지 못했고, 발해 사람들이 놀러와서 그 사이에서 사냥하던 것을 즉 일컬어 변방사람들이 변읍을 침략했다라고 했으니, 즉 다만 큰 해(害)를 한탄했을 뿐이다. 그렇다면 홀한(발해)이 패함에 대씨(발해왕족)들이 고려로 도망 온 것은 또한 집안이 망할 때에 친척들이 화목해지는 경우와 같은 것이다.

原文 及夫妙淸*之造亂奉命剿討者又是金富軾也金氏旣無信文又惡妙淸之妖西京之破幷不深採其說下筆寫過只留本神人王儉之宅數句亦何足深責而渤海史幷不過問金氏於此終不免其咎矣蓋金氏旣醉於漢籍又乏雄圖則雖有甚歎於吾邦之事却茫然不知其始末之處而亦無能爲已矣

語譯 대체로 묘청의 난에 미쳐서도 명령을 받들어 죽이고 토벌한 자는 또 이 김부식이었던 것이다. 김부식은 이미 믿을 만한 글이 없고 또 묘청의 요망스러움을 미워하여 서경을 깨뜨렸으나 아울러 깊이 그 설명을 하지 못했고 붓을 내리고 말았으며, 다만 본래 신인 왕검의 집이 있었다는 수구(數句)만 남겨 놨으니 또한 어떻게 족히 책임을 질 것이며, 그리고 발해사도 아울러 다루지 않았으니 김부식이 여기에서 끝내 허물을 면하지는 못할 것이다. 대개 김부식은 이미 중국책에만 취했고

또 큰 포부도 모자랐으니 즉 비록 심히 우리나라의 일에 대해서 한탄함은 있었다 하더라도 문득 망연하여 그 끝과 시작의 곳을 알지 못했었고 또한 능히 할 수도 없었던 것이다.

註 妙淸(묘청): 고려 인종 때 승려로서 정지상의 추천을 받아 왕의 고문이 됨. 풍수 지리학의 이유를 들어 서경으로 도읍을 옮길 것을 주장했으나 받아들여지지 않아 반란을 일으킴. 김부식(삼국사기)이 묘청의 난을 진압하는 총사령관으로 난을 평정했으니 묘청에 관한 기록이 과연 얼마나 믿을 수 있는지 모를 일이다. 묘청은 우리민족의 옛 땅을 찾기를 갈망했고 김부식은 중국을 하늘처럼 알았던 사람이었다.

原文 我邦經史之禍其來久矣今浩歎無益亦復奈何按遼史地理志有顯州奉先軍上節度本渤海顯德府地天顯三年遷東丹民居之升爲南京城天顯十三年改南京爲東京府曰遼陽等句今遼陽在蘇密以南六百餘里與淸平之說甚相逕庭且遼陽旣爲中京則西京當擬於遼西臨潢等地以渤海舊疆考之決無是理況淸平諸說已有所據而遼史則乃元至正中丞相脫脫等所撰也

語譯 우리나라 글과 역사의 화는 그 온 것이 오래 되었으니 지금 크게 한탄한들 이익이 없고 또한 다시 어찌할 수 없는 것이다. 요나라 역사지리를 살펴보면 현주 봉선군 상절도라는 곳이 있는데 본래는 발해 현덕부 땅이었다. 천현(요나라 태종연호) 3년에 동단민들이 옮겨와 살고 있어서 승격하여 남경성으로 삼았다. 천현 13년에 남경을 고쳐 동경부라 했고 또 말하기를 요양등구는 지금 요양이라는 곳인데 소밀 이남 600여 리에 있었다 라고 하니 그런데 청평의 말과는 커다란 차이가 있

다. 또 요양이라는 땅은 이미 중경이라고 했은즉 서경은 마땅히 요서 임황 등지에 비겨야 되는데 발해 옛 땅으로서 살펴본다면 결단코 이런 이치는 없는 것이니 하물며 청평의 여러 설명이 이미 근거하는 바가 있는데 요나라 역사책은 즉 곧 원나라 지정(연호) 중에서 승상 탈탈이란 사람들이 지은 것이다.

原文 經金*宋交爭以後數三百年文獻自多不備傳說亦多失正鵠而渤海亡後其世族舊臣隨處擧兵殆將百年不息遼人多遷其民與漢民雜處遼西之地以至城邑冒稱渤海本名者不下數十

語譯 금나라 송나라가 서로 다툼을 지난 이후 수 300년이었는데 문헌이 스스로 많이 갖추어지지 못했고 전해 내려오는 말이 또한 정확함을 잃어 버렸으며 그리고 발해가 망한 후에 그 대대로 내려오는 벼슬아치 족속과 옛날 신하들이 곳에 따라 군대를 일으켜 거의 100년 동안을 쉬지 아니 했으니, 요나라 사람들이 그 백성들을 옮겨서 한나라 백성들과 섞여 살고 있었고, 요서의 땅이 성읍에 이르면 발해성읍의 본명으로 일컫는 것이 불과 수십명밖에 안되었다.

註 金(금) : 우리 민족 여진족이 세운 나라. 아골타 라는 사람이 시조로 두만강 유역에 살았던 고려사람 김준의 후손이다. 금나라는 9대를 걸쳐 1115년부터 1234년을 이어 왔으나 원나라 태종에게 멸망함.

原文 元人修史者只憑古傳名字輒自斷之不亦疎乎壬儉城者卽古語京城之意也平壤之意雖未詳亦必都城之意

如新羅之徐羅代百濟之慰禮也括地志*云高麗治平壤城
本王儉城史記漢書及通典皆有王險城字此又儉字之誤
也此可續述焉

語譯 원나라 사람들이 역사를 쓸 때 다만 옛날 전해오는 이름자에만
의지해서 문득 스스로 그것을 단정내렸으니 또한 엉성한 것이 아니겠
는가? 왕검성이란 즉 옛날 말에 경성(서울)이란 뜻이다. 평양이란 뜻도
비록 자세하지는 않으나 또한 반드시 도성이란 뜻이요 신라의 서라벌
과 백제의 위례라고 하는 말과 같은 뜻이다. 괄지지(중국 역사책)에 이
르기를 고려가 평양성을 다스렸으니 본래 왕검성이었다 했고, 사기와
한서 및 통전에 다 왕험성이란 글자가 있으니 이것은 또 '검(儉)'자가
'험'자로 잘못된 것이었는데 이것을 가히 계속 썼던 것이다.

註 括地志(괄지지) : 중국 역사책.

原文 檀君旣建都於王儉城乃築城郭*建宮室置主命主穀
主兵主刑主病主善惡及主忽諸官以其子夫婁爲虎加總諸
加者也

語譯 단군이 이미 도읍을 왕검성에 세워놓고 곧 성곽을 쌓고 궁실을
세우고 명령을 주관하는 사람, 곡식을 주관하는 사람, 군대를 주관하는
사람, 법을 주관하는 사람, 병을 주관하는 사람, 선악을 주관하는 사람
및 누에실을 주관하는 모든 벼슬아치들을 설치하고 그 아들 부루로서
호가를 삼아서 모든 가(加)들을 거느리게 했다.

註 城郭(성곽) : 안에 있는 성과 밖에 있는 성(이중으로 쌓은 성).

三. 檀君記 단군기 | 67

原文 神誌氏卽古神誌氏之後爲馬加曰主命高失氏爲牛加曰主穀蚩尤氏爲熊加曰主兵二子夫蘇爲鷹加曰主刑三子夫虞爲鷺加曰主病朱因氏爲鶴加曰是主善惡余守己爲狗加是分管諸州也稱爲檀君八加乃殺白牛以祭天于太白之麓舊禮凡祭天必先定吉日擇白牛而護養之及期宰殺以頭薦之於嶽瀆*白頭牛首之名頗亦有因於此也

語譯 신지씨, 즉 옛 신지씨의 후손으로 마가를 삼아서 임금의 명령을 주관하게 하고, 고시씨를 우가를 삼아 곡식을 주관하게 하고, 치우씨로 응가를 삼아 군대를 주관하게 하고, 둘째아들 부소로 응가를 삼아 형벌을 주관하게 하고, 셋째아들 부우로 노가를 삼아 질병을 주관하게 하고, 주인씨로 학가를 삼았으니 이것은 선악을 주관했고, 여수기를 구가로 삼아 여러 고을을 맡아 나누어 다스리게 했다. 일컬어 단군 8가라고 하고 이에 흰소를 잡아 태백산 기슭에서 하늘에 제사를 지냈다. 옛날 예법에는 하늘에 제사지낼 때 반드시 좋은날 잡아 놓고 흰소를 택하여 보호하여 기르다가 제삿날에 미쳐서는 죽이고 죽여서 머리로써 악독(산천귀신)에 제사 지냈으니 백두란 소머리의 이름을 말하는 것인데 자못 또한 여기에서 원인이 있었던 것이다.

註 嶽瀆(악독) : 산귀신과 개천귀신.

原文 盖祭天報本之禮始於檀君後世歷代諸國莫不祭天夫餘濊貊馬韓新羅高句麗諸國以十月百濟以四仲月*各有禱天舞天祭天郊天迎鼓東盟之稱夫餘則又有祭天殺牛以蹄占吉凶之俗盖其源流久遠而沈漸成俗亦可知矣

語譯 대개 하늘에 제사지내는 것은 근본에 보답하는 예법으로 단군에서부터 시작했는데 후세에는 역대 여러 나라들이 하늘에 제사지내지 않음이 없었다. 부여와 예맥, 마한, 신라, 고구려 등 여러 나라들이 음력 10월로써, 백제는 사계절의 가운데 달로써 각각 도천, 무천, 제천, 교천, 영고, 동맹의 일컬음이 있었고, 부여에서는 또 하늘에 제사지내며 소를 잡아서 발굽으로써 길흉을 점치는 풍속이 있었으니 대개 그 근원의 흐름이 오래고 멀어서 점점 내려오면서 풍속을 이루었다는 것을 또한 가히 알 수가 있다.

註 四仲月(사중월) : 사계절의 가운데 달로 2월, 5월, 8월, 11월.

原文 夫尊卑之禮必自敬鬼神而興上下尊卑之序定而先王經世之道行焉而敬神之禮莫大於祭天通萬古迄四方未有人而不知畏天者是以易曰大哉乾元萬物資始乃統天又曰首出庶物萬邦咸寧盖言其聖人體天而率民也

語譯 대체로 높이고 낮추는 예는 반드시 귀신을 공경하는 것으로부터 일으켰고, 위아래의 높이고 낮추는 차례가 정해져서 옛날 임금들이 세상을 다스리는 도가 행해졌으니 귀신을 공경하는 예는 하늘에 제사지내는 것보다 더 큰 것이 없었다. 옛날부터 지금까지와 사방에 미치기까지 사람으로서 하늘을 두려워 할 줄 모르는 사람은 없었으니 이로써 주역에 말하기를 '크도다 하늘의 큼이여 만물이 이 바탕에서 시작했으니, 곧 하늘을 거느리는 것이다' 했고, 또 말하기를 '맨 먼저 뭇 물건들을 만들어서 만방이 다 편안해졌다'는 말이 있으니 대개 그 성인이 하늘을 본받아서 백성을 거느렸다는 것을 말하는 것이다.

原文 洪範*八政三曰祀祀者所以通神明而報其本也是以陸有祭獸之豹水有祭魚之獺夫豹獺者禽獸也猶知報本之意況人而不知其報本之禮乎又況神市肇宅人界其降自天桓儉繼志述事未嘗小弛此桓儉所以纔定厥鼎而便祭上天也且太白山者神市陟降之靈地也檀君踐阼亦肇于厥地此又始行之于太白也是爲東方萬世之國典

語譯 홍범(서경) 8정 중 3번째에 제사를 말했으니, 제사란 것은 신명을 통하고 그 근본에 보답하는 것을 말한다고 했다. 이로써 육지에서는 짐승을 제사지내는 이리(늑대)가 있고, 물에는 물고기를 제사 지내는 수달피가 있으니, 대체로 늑대와 수달피는 새와 짐승인데도 오히려 근본에 보답하는 뜻을 알고 있는데 하물며 사람으로서 근본에 보답하는 예를 알지 못하겠는가? 또 하물며 신시가 처음으로 사람의 세계에 집을 지어서 그 내려옴이 하늘로부터였으니 환검(단군)이 뜻을 이어서 일을 만들어감에 일찍이 조금도 느슨하지 아니했던 것이다. 이 단군환검이 솥을 겨우 정해서 문득 하늘에 제사를 지냈다. 또 태백산이란 신시가 오르고 내린 신령스런 땅이다. 단군이 임금에 오름도 또한 그 땅에서 시작했고, 이 또한 처음으로 태백에서 행해졌으니 이것이 바로 동방 만세의 나라의 법이 되었다.

註 洪範(홍범): 夏나라 禹임금때에 洛水에서 나온 신귀(神龜)의 등에 있었다는 九章의 문장으로서 기자(箕子)가 무왕(武王)에게 일러주어 天下를 다스리는 大法으로 삼은것(洪範九疇(홍범구주)).

原文 故古代國君必先敬事上帝*卽一大主神也及檀君三

神因以爲道至於官職又有太仙國仙皂衣之稱至若東明
聖王有朝天之石明臨荅夫曾帶皂衣之職泉盖蘇文入鳳
凰山修鍊十年遂爲萬古奇傑金庾信亦入中嶽石窟十年
修道終爲名將助太宗致盛强

語譯 그러므로 고대 나라 임금들은 반드시 먼저 상제(즉 일대 주신)와 단군 삼신을 공경해 섬겼고 따라서 도를 삼았다. 관직에 이르러서도 또한 대선과 국선과 조의라는 일컬음이 있었으니 동명성왕 같은 데에 이르르면 조천(朝天)석이 있었고, 명임답부는 일찍이 조의의 직책을 띠었고, 천(연)개소문은 봉황산에 들어가서 10년 동안 수련하여 드디어 만고의 기특하고 걸출한 인물이 되었고, 김유신 또한 중악(태백산 : 경상도)석굴에 들어가서 10년 동안 도를 닦아서 끝내는 이름난 장수가 되어 태종을 도와서 성하고 강함을 이루게 되었다.

註 上帝(상제) : 가장 크면서 높고 으뜸되는 신. 하느님.

原文 渤海時有報本壇高麗時有聖帝祠遼有本葉山三神
廟金有開天弘聖帝之廟我世宗設檀君廟於平壤世祖元
年改位版曰朝鮮始祖檀君之廟盖神市氏之事聽者多疑
其迂怪至今惟知崇檀君而不知其前實有神市氏之開創
矣

語譯 발해 때에는 보본단(근본에 보답하는 단)이 있었고, 고려 때에는 성제사(성스러운 임금의 사당)가 있었고, 요나라에는 목엽산 삼신묘가 있었고, 금나라에는 개천 홍성제의 사당이 있었다. 우리 세종은 단군

사당을 평양에 설치했고, 세조 원년에는 위판을 고쳐서 조선시조 단군묘라고 했다. 대개 신시씨의 일은 듣는 자들이 많이 그 멀고 괴상한 것을 의심하고, 지금 오직 단군만을 숭상할 줄 알고, 그 전에 실제로 신시씨가 나라를 처음 열었음이 있었다는 것을 알지 못한다.

原文 世俗不知原由只憑漢籍曰仙敎是黃老餘流殊不知以神設敎實自我神市之世也檀君旣祭天而立敎率民而致道化行數年率土之民皆洽其化陶鈞*停毒無爲而治此檀君神德之所致也乃立國之本也後可續述焉

語譯 세상 풍속에서는 근원의 말미암은 것은 알지 못하고, 다만 중국 책에만 의지해서 말하기를, 선교(신선교)는 저 중국의 황제와 노자의 남은 흐름이라 얘기하고, 자못 신으로써 교육을 베푼 것은 실로 우리의 신시씨의 세상으로부터란 것은 알지 못하고 있다. 단군이 이미 하늘에 제사지내면서 교육을 세웠고 백성을 거느리고 도를 이루어서 교화를 행한지 수년에 거느리는 땅의 백성들이 다 교화에 흡족하여 천하가 잘 다스려져 악이 없어지고, 함이 없이도 다스려지게 되었으니, 이것은 단군의 신령스러운 덕이 이룬 바이다. 곧 이것이 나라를 세우는 근본이었던지라 뒤에 가히 이어서 말할 것이로다.

註 陶鈞(도균): 질그릇이란 흙을 불에 구워 만든 그릇이므로 백성들을 고통에서 다스려 강하게 살게 한다는 뜻. 도공의 녹로(轆轤: 오지그릇을 만드는데 쓰이는 바퀴모양의 연장. 이 바퀴를 회전시켜 갖가지 오지그릇을 자유로이 만들 수 있으므로 전(轉)하여 만물의 조화(造化)의 뜻으로 쓰임), 또는 인물을 양성함을 비유.

原文 居牛首河畔十年乃遷都於白山之南浿水之北曰平壤卽第二壬儉城也盖今涑沫之地風氣凄冷土味勁寒雖野勢通豁而耕農之利不如南土且涑沫之水北流入混同江南地交通自多不便此必其由也

語譯 우수하(牛首河) 언덕에서 산 지 10년에 도읍을 백산 남쪽의 패수(浿水) 북쪽으로 옮겨 말하기를 평양이라 했으니, 즉 제2의 임검성이다. 대개 오늘날 속말(涑沫)의 땅이 바람 기운이 쓸쓸하고 차고, 땅의 맛이 굳고 차서 비록 들판이 넓게 통하긴 했으나 밭가는 농사의 이로움은 남쪽 땅만 못했다. 또 속말(涑沫)의 물이 북쪽으로 흘러서 혼동강(混同江)으로 들어가고 있어서 남쪽 땅과 교통하기가 자연히 많이 불편했으니 이것이 바로 도읍을 옮기게 된 그 까닭이다.

原文 清平云檀氏之世四遷其鼎第二奠都於浿水之北卽渤海西鴨綠府地神州是也高句麗國內桓都古城之址在其境內焉則浿水之非獨爲今之大同江明矣

語譯 청평거사가 이르기를 단군의 세상에서는 네 번 솥(서울)을 옮겼는데 두 번째 정한 서울은 패수(浿水)의 북쪽이었으니 즉 발해 서경으로 압록부지 신주란 땅이 그것이다. 고구려 국내성과 환도 옛 성의 터가 그 지경 안에 있었으니 즉 패수(浿水)가 다만 오늘날의 대동강이 되지 않는 것이 분명하다.

原文 按新唐書渤海傳曰高麗古地爲西京曰鴨綠府領神

豊桓正四州遼史地理志曰綠州鴨綠軍節府本高麗故國
渤海號西京鴨綠府都督神桓豊正四州事故縣三神鹿神
化劒門皆廢又曰桓州高麗中都城古縣三桓都神鄉淇水
皆廢夫渤海承高句麗之後統高句麗復出於夫餘則渤海
之世猶有古史之傳者想不少矣

[語譯] 신당서란 역사책 속의 발해전을 살펴보니, 고려의 옛 땅이 서경이 되는데 압록부가 거느리는 신, 풍, 환, 정 네 고을이라 했고, 요사 지리에 말하기를, 녹주의 압록군 절도는 본래 고려란 옛 나라로 발해에서는 서경으로 이름 했는데 압록부가 신, 환, 풍, 정 네 주의 일을 맡아 감독했고, 옛 고을 셋인 신록과 신화와 검문을 다 없애 버렸다. 또 말하기를, 환주는 고려 중도성으로 옛날 고을 셋 중의 환도와 신향과 기수는 다 없애 버렸다고 했다. 대체로 발해는 고구려의 뒤를 이어서 거느렸고 고구려는 다시 부여에서 나왔었으니 즉 발해의 세상에서는 오히려 옛날 역사에서 전하는 것이 상상컨대 적지 않았었다.

[原文] 或曰平壤之敗李勣*盡燒宮室庫藏復虜其公侯世族
則史籍亦不免灰爐矣渤海安得傳其史乎余以爲不然渤
海高王乃高句麗舊將也高句麗之亡徙居營州及看蓋榮
之亂與乞四比羽*領衆東還麗鞨之衆響應而起盖其舊國
宿將如百濟之黑齒常之*明矣其麾下想多舊國遺臣能博
通古今者耳自高句麗亡後距高王之興僅二十七八年事
也古史能無得傳乎

語譯 어떤 사람은 말하기를, 평양성이 패하여 이적 (중국 장수)이 다 궁실과 고장(임금이 쓰던 창고)을 다 불사르고 다시 그 공후 세족(벼슬아치)들을 다 포로로 잡아 갔으니 즉 역사책들도 또한 다 타버리는 것을 면할 수가 없었다. 발해가 어찌 능히 그 역사책을 전할 수가 있었겠느냐 라고 했으나 나는 그렇지 않다고 생각한다. 발해 고왕은 곧 고구려의 옛날 장수였었고 고구려가 망할 때 옮겨서 영주에 살고 있었으며 그리고 신영의 난리를 보고 걸사비우라는 사람과 더불어 무리를 거느리고 동으로 옮겨 왔으니 고구려와 말갈의 민중들이 그 소리를 듣고 따라 일어났고 대개 그 옛날 장수들은 백제의 흑치상지와 같았던 사람임이 분명하도다.

그 휘하 밑에는 상상컨대 옛 나라 신하들과, 고금에 널리 통한 사람들이 많이 있었고, 또한 고구려가 망한 뒤부터 고왕이 일어날 때까지는 겨우 27, 8년의 일이니 옛날 역사가 능히 전함이 없었겠는가?

註 李勣(이적) : 중국장수, 당나라 고종 태종 때 무장인데 신라군과 연합해 고구려를 멸망시킴.
乞四比羽(걸사비우) : 말갈장수로 대조영과 함께 많은 공을 세움.
黑齒常之(흑치상지) : 백제의 장군으로 나라가 망하자 백제 부흥에 나선 후에 당나라 고종의 초청으로 돌궐을 정벌하고 그 공으로 대총관까지 되었으나 나중에 반란에 참여했다하여 옥사했다.

原文 且以文勢言之則神州當爲渤海西京所在鴨綠府地而神州桓州之名又有近於神市桓儉等字況神市桓儉人每認爲一人至今擧世殆然而神州屬縣有神化神鹿等地桓州屬縣又有桓都神鄕淇水之名桓都者盖高句麗之丸都也丸都之名旣出於魏志北史等書則桓丸之誤固不可

知而渤海旣以桓州桓都定名則其或原於慕遠之意

語譯 또 글의 모습을 가지고 말한다면, 신주는 마땅히 발해의 서경이 되는 것으로 압록부지에 있었던 것이고, 신주와 환주의 이름이 또 신시와 환검 등 글자에 가까움이 있었던 것인데, 하물며 신시와 환검을 사람들이 매양 한사람이 되는 것으로 인정하고 지금에도 온 세상은 거의 그렇게 여기며, 신주에 붙은 고을들에 신화와 신록 등지가 있고, 환주에 속한 고을들엔 또 환도와 신향과 기수의 이름이 있으니 환도란 것은 대개 고구려의 환도(丸都)이다. 환도의 이름이 이미 위지와 북사 등 책에 나오니 즉 환(桓)과 환(丸)의 잘못은 진실로 가히 알 수가 없으나 발해가 이미 환주와 환도로서 이름을 정했었으니 그 혹 먼 것을 사모하는 뜻에서 근원하는 것인가 보다.

原文 神鄕則有寓神市之鄕之義也神化則言神人之化也神鹿之稱尤益可奇况古來稱桓儉曰神人則神桓等名決非偶然

語譯 신향이란 고을은 또 신시의 고향이란 뜻에 붙인 것이요, 신화란 즉 신인의 교화라는 뜻이요, 신록이란 일컬음은 더욱 가히 기이한데 하물며 고래(古來)로 환검을 칭하여 말하기를, 신인이라 했다면 즉 신과 환 등의 이름은 결단코 우연이 아닌 것이며,

原文 且淇水元一統志作浿水又與前述浿水之北之說暗合按漢籍說浿水及平壤者頗多今不可便述而神州桓州神化神鹿桓都神鄕浿水之名旣與檀君古事多合則檀君

第二之平壤當在於鴨水之北

語譯 또 기수는 원(元)나라 일통지(一統志)에 보면 패수라 써 있고, 또 앞의 기술한 패수의 북쪽이란 말과 더불어 가만히 보면 합하니, 한적을 살펴봄에 패수 및 평양이라고 일컬음이 자못 많은데, 지금 가히 문득 기술할 수가 없으며 신주와 환주, 신화 신록과, 환도와 신향과, 패수의 이름이 이미 단군의 옛일과 더불어 많이 합하니 즉 단군의 제2의 평양은 마땅히 압록강 물 북쪽에 있어야 하고,

原文 且三國史高句麗琉璃王二十一年薛支見王曰臣逐豕至慰那岩見其山水深險地宜五穀又多麋鹿魚鱉之産王若移都則不惟民利之無窮又可免兵革之患云云

語譯 또 삼국사에는 고구려 유리왕 21년에 설지라는 사람이 왕을 뵙고 말하기를, 신이 돼지를 쫓다가 위나암(慰那岩)에 까지 이르러서 그 산수를 보니까 깊고 험한 땅이 오곡에 마땅하고 또 많은 사슴들과 물고기 자라들이 생산되고 있으니 왕이 만약에 도읍을 옮기신다면 곧 백성들의 이로움이 무궁할 뿐 아니라 또한 가히 전쟁의 근심도 면할 수가 있습니다 라고 했다.

原文 故明年冬十月王遷都國內則其地非但山水險阻原野開闊亦可知適於耕農矣

語譯 그러므로 다음해 겨울 10월에 왕이 도읍을 국내성으로 옮겼으니 그 땅이 다만 산과 물이 험하고 막혔을 뿐 아니요 들판이 넓게 열려서 또한 가히 농사짓고 밭가는 데 적당했음을 가히 알 수 있도다.

原文 夫古者建都必取險固殷富及交通之便今平壤松京漢陽之地莫不皆然長安洛陽恒爲漢土建都之地亦此故也然則檀君之世民物漸繁交通愈緊且耕農之業遂漸而興則其捨粟末之地而南遷於浿水之濱以圖後日之隆運盖可想見矣

語譯 대체로 옛날에는 도읍을 세우는 것을 반드시 험하고 단단하고 풍성하고 넉넉한 것 및 교통이 편리한 것을 취했으니, 오늘날 평양과 송경과 한양의 땅이 다 그러하지 아니함이 없는 것이다. 장안과 낙양은 항상 중국에서 도읍을 세운 땅이 되었던 것도 또한 이 까닭이다. 그렇다면 단군의 세상에서 백성과 물건들이 점점 번성해지고 교통이 더욱 긴밀해지며 또 밭 갈고 농사짓는 업이 점점 일어나게 되었으니, 즉 그 속말의 땅을 버리고 남쪽의 패수의 물가로 옮겨서 후일의 크게 융성함을 도모한 것은 대개 또한 상상해 볼 수가 있도다.

原文 又按唐書地理志曰自鴨綠江口舟行百餘里乃小舫溯流東北三十里至泊汋口得渤海之境又溯流二百里至丸都縣城故高句麗王都又東北溯流二百里至神州又陸行四百里至顯州天寶*中王所都又正東如北六百里至渤海王城云

語譯 또 당서(唐書)지리지를 살펴보면 말하기를, 압록강 입구로부터 배로 100여 리를 올라가서 곧 조그만 배로 거슬러 동북쪽 30리를 올라가면 박작구란 땅에 이르러서 발해의 국경을 만나게 되고 또 거슬러

올라가 200여 리에 이르면 환도현 성에 이르게 되는데 옛날 고구려의 왕도였었고, 또 동북쪽으로 200여 리를 거슬러 올라가면 신주에 이르르고, 또 육지로 400리를 가다보면 현주에 이르니 천보년 중에 왕이 도읍했던 곳이고 또 정 동쪽에서 북으로 600리를 간다면 발해의 왕성에 이르른다고 되어있다.

註 天寶(천보) : 중국 당나라 현종 연호.

原文 今自鴨綠江口約行四百餘里乃得婆豬江合流處又行二百里至江界滿浦鎭隔江處田野開豁山河固密盖檀君南遷四百餘里定都于古塩難水之東浿水之北渤海神州神化等地殆無疑而渤海之時猶傳其蹟也

語譯 지금 압록강 입구로부터 약 400여 리를 간다면 곧 파저강과 합한 곳에 이르고 또 200리를 올라가면 강계와 만포진에 이르니 강과 떨어진 저쪽에 밭과 들이 넓게 열려 있고 산하가 단단하고 빽빽하니 대개 단군이 남쪽으로 400여 리 옮겨와서 고염난수의 동쪽과 패수의 북쪽에 도읍을 정했던 것이다. 발해의 신주, 신화 등 땅이 거의 의심이 없고, 발해 때에는 오히려 그 자취가 전하고 있었다.

原文 乃復祭天而薦新居築城郭建宮室浚溝洫開田陌勸農桑治漁獵使諸民進用餘之物以補國用民皆熙熙而樂之時有蒼鹿遊郊外青龍見朝天池檀君乃出巡至南海登甲比古次之山設壇祭天還至海上赤龍呈祥神女奉樻有一童子衣緋衣從樻中出謁檀君愛之因姓曰緋名曰天生

語譯 이에 다시 하늘에 제사지내고 새로운 곡식으로 또 귀신에게 올렸고, 그리고 성곽을 쌓았고, 궁실을 세웠고, 농토에 물대는 도랑을 파 올렸으며, 그리고 밭길을 열어 농업을 권장하며, 물고기 잡는 것과 사냥하는 것을 다스려서 하여금 모든 백성들로 쓰고 남은 물건을 내놓아서 나라에 쓰는데 보충하게 했으니, 백성들은 다 밝고 밝게 화합하여 즐기고 살았다. 때에 푸른 사슴들이 들판 밖에서 놀았고 푸른 용이 나타나 천지(백두산)에서 하늘로 올라갔다. 단군이 이에 나와서 순행하면서 남해에 이르러 갑비고차(강화도)산에 올라가서 단을 설치하여 하늘에 제사를 지냈고, 돌아오다가 바다 위에 이르르니 붉은 용이 상서로움을 바치며, 신의 딸이 궤짝을 받들었는데 한 어린 남자 아이가 있어 붉은 옷을 입고 궤짝 속을 따라 나와서 인사하니, 단군이 그를 사랑하여 따라서 성(姓)을 비(緋)라 말했고, 이름을 천생(天生)이라 했다.

原文 遂爲南海上長及還至平壤有三異人自東方渡浿水而至首曰仙羅次曰道羅又其次曰東武於是因二龍之祥改虎加曰龍加使仙羅主之道羅爲鶴加東武爲狗加又因蒼鹿之瑞改鷺加曰鹿加依前使夫虞主之制治比前更完矣當是之時檀君之化洽被四土北曁大荒西率獩貐南至海岱*東窮蒼海聲敎之漸偉乎廣矣

語譯 드디어 남해 위의 우두머리로 삼고, 돌아옴에 미쳐 평양에 이르니 세 특이한 사람이 있어 동쪽지방으로부터 패수를 건너 이르렀으니 제일 우두머리를 선라(仙羅)라 하고 그 다음을 도라(道羅)라 하고 그 다음을 동무(東武)라 했다. 이때에 두 용의 상서로운 징조가 있어 호가를 고쳐서 용가라 하고 선라로 하여금 용가를 맡게 했고, 도라가 학가가 되었고, 동무가 구가가 되었고, 또 제도와 다스림이 전에 비하여 완성

되었다. 이때에 당해서 단군의 교화가 저 사방 땅에 흡족하게 되었으니, 북쪽으로는 시베리아 벌판에 이르렀고, 서쪽으로 알유 땅을 거느렸고, 남쪽으로는 해대(중국산동반도)까지 이르렀고, 동쪽으로는 동해 바다를 끝까지 하여 임금의 명령과 교화가 점점 커지고 넓어졌도다.

註 海岱(해대): 중국 땅의 회수와 태산(산동성 남쪽).

原文 乃區劃天下之地以封勳戚蚩尤氏之後封于南西之地巨野浩豁海天靚碧曰藍國宅奄慮忽*神誌氏之後封于北東之地河嶽鹿莊風氣勁雄曰傲倀國亦稱肅愼方言豪莊之稱也治肅愼忽高矢氏之後封于南東之地山河秀麗草木暢茂曰靑丘國*宅樂浪忽封朱因氏之後於蓋馬國余守己爲濊君夫蘇夫虞及少子夫餘皆封于國西之地句麗眞蕃夫餘諸國是也

語譯 이에 천하의 땅을 나누어서 공이 있는 친척들에게 봉해 주었으니 치우씨의 후손들은 남서의 땅에 봉해졌다. 큰 벌판이 넓고 넓어 바다와 하늘이 맑고 푸르러 말하기를, 남국(藍國)이라 했으니, 엄려홀에 서울을 정했다. 신지씨의 후손은 북동의 땅에 정해 주었으니 물과 산이 거칠고 매섭고 바람 기운이 굳세고 커서 말하기를, 숙진국이라 말했으며 또한 숙신이라고도 일컬었으니 방언으로 크고 씩씩하다는 일컬음인데, 숙신홀에서 다스렸고, 고시씨의 후손은 남동(한반도)의 땅에 봉해 주었는데 산하가 수려하고 풀과 나무가 무성하여 청구라 말했으며 낙랑홀이라는 땅에 서울을 정했다.

주인씨의 후손으로는 개마국에 봉해 주었고, 여수기는 예(濊)의 임금을 삼았고, 부소와 부우와 작은 아들 부여를 다 서쪽 나라에다 봉해 주었으니 구려, 진번, 부여의 여러 나라들이 바로 그것이다.

註 奄慮忽(엄려홀) : 단군조선 제후국의 남국에 있었던 고을. 단군 제22세 단군 때(B.C. 1266) 기록에 이 땅은 은나라 경계에 가까운 곳이라 함. 산동성 곡부의 奄(엄)이라 짐작된다.

靑丘國(청구국) : 이 책 전체내용을 보면 저자 북애자는 한반도를 말한 것으로 보인다. 신시역대기에 보면 배달환웅은 천하를 평정하여 차지한 분의 이름이다. 그 도읍한 곳을 신시라고 한다. 뒤에 청구국으로 옮겨 18세 1565년을 누렸다는 내용이 나온다. 정확한 위치에 대하여서는 설이 구구하나 요약하면 세군데인데 한반도, 요동요서, 산동반도이다. 이 책에 청구국이 동남쪽이라 한 것을 보면 한반도일 가능성이 크다.

原文 其後夫妻又封東來三人於各地後世之沃沮卒本沸流之稱皆起於其所封國名也通檀氏之世凡大國九小國十二分治天下諸州今不可詳矣

語譯 그후 부루가 또 동쪽에 온 세 사람을 각지에다 봉해 주었으니 후세에 옥저, 졸본, 비류라는 일컬음은 다 그 봉해준 바의 나라 이름에서 기인했던 것이다.

통틀어 단군의 세상에서는 무릇 큰 나라 아홉과 작은 나라가 열둘이 었는데 나누어 천하 여러 고을을 다스렸으나 지금 자세히 알 수는 없다.

原文 蚩尤氏旣受封於藍國乃紹先祖之志撫民安業講習戎事恒爲西南藩蔽且其民數遷徙海岱之地以致後世恒與漢土諸國互相角逐

語譯 치우씨는 이미 남국(중국 산동반도)에 봉함을 받아서 이에 선조의 뜻을 이어서 백성들을 어루만지고, 업을 편안히 했고, 융사(전쟁하는 일)를 강습하여 항상 서남의 울타리로 막아줌이 되었고, 또 그 백성들을 여러 번 해대의 땅에 옮기고 옮겨서 후세에 항상 중국 땅의 여러 나라들과 더불어 서로서로 각축을 이루었다.

原文 神誌氏受封於傲倀國*地旣勁寒不宜五穀土廣人稀牧畜頗適乃使民帶弓佩劍并事遊獵後世其民漸徙黑水之地遂以漁獵爲生艱險儉嗇麁健勁悍雖强勇遠出於諸國漸至不習文事

語譯 신지씨는 숙진국에서 봉함을 받았으나 땅은 이미 굳고 차서 오곡에 마땅하지 않고, 땅은 넓은데 사람은 적어서 목축에 자못 적당하니 이에 백성들로 하여금 허리에 활을 띠고 칼을 차서 아울러 돌아다니며 사냥하는 데만 일삼아서 후세에 그 백성들은 점점 흑수의 땅(흑룡강)으로 옮겨가서 드디어는 물고기 잡고 사냥하는 것으로 생업을 삼았으니 어렵고 험하고 검소하고 인색하며 거칠고 씩씩하며 굳고 사나워 비록 강하고 용맹하여 멀리 여러 나라에까지 나갔으나 점점 글공부를 익히지 않는 데까지 이르렀다.

註 傲倀國(숙진국): 즉 조선 우리 겨레의 한 갈래로서 말갈의 선조. 지금의 중국 길림성, 흑룡강성, 연해주와 북쪽지방 개마고원이 포함되는 관북지방이다. 후에 물길, 말갈로 이어지고 발해, 금나라, 청나라가 여기에서 일어나게 된다. 그러나 후세에 이들을 오랑캐라는 이름으로 부르는데 이것은 중국사람들이 하는 말인데 우리 스스로 오랑캐라 말한 셈이 된다.

原文 後世漢曰挹婁*元魏曰勿吉*隋唐曰靺鞨*稍與窮北
蠻人相混漸失其俗頗有陵夷之歎近古金女眞等皆其後
身同族異稱也

語譯 후세에 중국에서 읍루(挹婁)라 했고, 원나라 위나라에서는 물길(勿吉)이라 했고, 수나라 당나라에서는 말갈이라 칭했으니, 차츰차츰 북쪽 끝에 사는 만인들과 더불어 서로 섞여서 점점 그 풍속(말갈의 풍속)을 잃어서 자못 무너지는 탄식이 있게 되었다. 이 근래에 금이나 여진 등이 다 그 후신(後身)들이고 같은 일가이면서 일컬음이 다른 것이다.

註 挹婁, 勿吉, 靺鞨(읍루, 물길, 말갈): 중국에서는 읍루, 원나라에서는 물길, 수나라 당나라에서는 말갈이라 했는데 이것은 다 우리 겨레에 대한 호칭을 말한다.

原文 高矢氏就靑丘國觀山川相土地開田野興農桑風氣
溫美五穀豊肥民皆衣輕暖而食肥美頗有冠帶衣履天下
之槪文武亦得以幷興夫食足貨通然後國實民富而敎化
成故管子*曰倉廩實而知禮節衣食足而知榮辱若使民終
歲睊睊*以絲粟爲慮則復奚暇言禮義哉

語譯 고시씨는 청구국(한반도)으로 나아가서 산천을 관찰하고 토지를 살펴서 밭과 들을 개간하여 농업을 일으켰으니 바람 기운이 따뜻하고 아름다워서 오곡이 풍부했다. 백성들은 다 가볍고 따뜻한 옷을 입었고, 맛있고 좋은 음식을 먹었으며 자못 모자 띠 옷 신발이 있어서 천하의 기개가 있고, 문무(文武)가 또한 능히 아울러 일어났으니, 대체로 먹는 것이 넉넉하고 재화가 통한 연후에 나라가 실해지고 백성들은 넉넉해

져서 교화가 이루어졌던 고로 관자가 말하기를, 창고가 꽉 차야 예절을 알고 의식이 넉넉하여야 영욕(영광과 욕을 먹는 것) 을 아는 것이니 백성들로 하여금 해가 끝나도록 눈 홀김으로써 실(옷감)과 곡식으로 근심을 삼게 했다면 다시 어느 겨를에 예의를 말했겠는가 라고 했다.

註 管子(관자) : 제나라의 정치가. 관중의 경칭. 논어에 공자는 관중이 아니었으면 우리는 옷깃을 왼쪽으로 여미고 살뻔했다는 말이 나온다.
睊睊(견견) : 곁눈질하는 모양.

原文 雖然天覆地載*區隅各殊於是氣有寒溫土有肥瘠其如天澤地利之不齊何是三家*者之守國敎民之道所以各異而其果應亦自不同者也

語譯 비록 그렇긴 하나 하늘은 덮어 주고 땅은 실어줌(하늘과 땅이 합쳐져서 생물을 키움)이 구역마다 각각 다르도다. 이에 기운은 찬 것과 더운 것이 있게 되었고, 땅에는 비옥함과 척박함이 있으니, 하늘의 혜택과 그 땅의 이로움이 일정하지 아니함을 어찌 하겠는가? 이것이 세 집안 사람들이 나라를 지키는 것과 백성을 가르치는 도가 각각 다른 바로써 그 결과도 그 응당 또한 스스로 같지 아니한 것이었다.

註 天覆地載(천복지재) : 하늘은 덮고 땅은 실음.
三家(삼가) : 치우씨, 신지씨, 고시씨.

原文 檀君旣封諸侯天下淸靜居十年有南夷之患卽甲比古次*以南夷人也乃遣夫餘率兵定之後益遣夫蘇夫虞築城於甲比古次以備南巡今江華三郞城*是也摩利山又有

塹城壇*此卽檀君設壇祭天之頭嶽*也

語譯 단군이 이미 제후를 봉해 놓고 천하가 맑고 고요하게 산 지 10년 만에 남이(南夷)에 근심이 있게 되었으니, 즉 갑비고차(강화도)에 사는 남이사람인 것이다. 이에 부여를 보내서 군대를 거느리고 평정했고 후에 더욱 부소와 부우를 보내 갑비고차에 성을 쌓아 장차 남쪽을 순행할 것에 대비하였으니 지금 강화도 삼랑성(三郎城)이 그것이다. 마리산엔 또 참성단(塹城壇)이 있으니 이것은 즉 단군이 단을 설치하여 하늘에 제사지내던 두악(머리산)이다.

註 南夷甲比古次(남이 갑비고차) : 지금의 강화도.
　　삼랑성(三郎城) : 해발 231m인 정족산은 산의 생김새가 마치 세 발 달린 가마솥 같다 해서 붙여진 이름이다. 단군이 세 아들 부소, 부우, 부여를 시켜 쌓게 했다는 전설이 있어 삼랑성(사적 제130호)이라고도 하고, 정족산에 있어 정족산성으로 부른다. 성을 쌓은 연대는 확실치 않고 현재 삼랑성은 1739년과 1764년 및 조선 말기에 보수공사를 거친 것이다. 성곽의 축성구조를 보면 잡석(雜石)으로 축조되어 삼국시대 석성구조(石城構造)를 보여주고 있으며 고려시대에 보수(補修), 조선시대에 중수(重修)가 있었던 것으로 보인다. 고려 고종 1259년 풍수설에 따라 이 성내에다 가궐을 지었다고 한다. 1660년(조선현종 1)에는 마리산 사고에 보존해오던 『조선왕조실록』을 성내의 정족산 사고로 옮겼다. 이때 왕실의 족보를 보관하는 선원보각(璿源譜閣)이 같이 건립되었다. 현재 사고와 선원보각은 모두 없어지고 전등사(傳燈寺)만 남아있다. 병인양요(丙寅洋擾) 당시에 프랑스군에 승리한 기념비로서 안헌수 승전비가 서있다. 이러한 삼랑성은 특히 마니산 전설과 더불어 단군신화와 관련되는 흥미있는 성이라고 할 수 있다.
　　塹聖壇(참성단) : 경기도 강화군 마니산에 있는 제단. 사적 제136호, 단군이 하늘에 제사를 지내던 제단이라고 전해 오는 곳으로 마니산 제천단(摩尼山祭天壇)이라고도 한다. 자연석으로 기초를 둥글게 쌓고 단은 네모로 쌓은 것인데, 아래 지름은 4.5m이며, 상단 1변의 길이는 1.98m이다. 동서에 돌층계가 있으며 층높이는 6m에 이른다. 상방하원(上方下圓), 즉 위가 네모나고 아래가 둥근 것은 하늘과 땅을 의미하는 것으로 여겨진다. 언제 쌓았는지 정확하게 알 수 없으나 이미 고려시대에 임금이나 제관이 찾아가 제사를 올렸으며, 조선시대에도 하늘에 제사를 지냈다고 전해진다. 고려후기인 1270년(원종11)에 보수했고, 조선시대에 들어와 1939년(인조17)에 다시 쌓았으며, 1700년(숙종26)에도 보수를 했었고, 이 제천단에서 매년 제천행사가 있으며, 전국체전 때는 봉화를 채화하는 의식이 열린다.

頭嶽(두악) : 지금 강화도에 있는 마니산의 본래 이름. 머리산이 마리산이고 그것이 마니산으로 되었다. 이곳에 있는 마니산과 백두산 한라산은 직선거리가 같다. 지금은 강화도와 이어져 있지만 양쪽에 제방을 쌓기 전에는 하나의 섬이었다.

原文 蓋水行籍舟陸行籍車泥行乘橇山行則梮此乃上古交通之具而陸行不如水行之易是以上古建都必擇臨水之地凡人居之稱美者必曰阻山帶水或依山傍水背山臨水者其所從來尚矣

語譯 대개 물로 가는 데는 배에 의지하고, 육지를 갈 때에는 수레를 타고, 진흙 바닥을 갈 때에는 썰매를 타고 가고, 산을 갈 때는 나무신을 신었으니 이것은 곧 상고시대의 교통의 도구들이요, 육지를 행하는 것은 물을 행하는 것의 쉬운 것만 못했으니, 이로써 상고시대에 도읍을 세우는 것은 반드시 물에 임한 땅을 골라 택했으며, 무릇 사람이 사는데도 아름답다 하는 것은 반드시 산이 막아주고 물이 허리띠가 되거나, 혹은 산에 의지하고 물이 곁에 있거나, 등 뒤에는 산이 있고 앞에는 물이 있다는 말이 있으니 그 부터온 바가 오래되었도다.

原文 故檀君之世必使依山臨水而結居耕農漁獵隨便可行山海經*所謂北海有國名曰朝鮮天毒育也其人水居偎愛也人者非但其聲敎之澤洽被四鄰亦可窺見其結居之風矣夫檀君祭天非但頭嶽也北狩則祭太白南巡則祭頭嶽也而甲比古次*傍在海濱通航容易則南巡之際必致祭於壇所也

語譯 그러므로 단군의 세상에서는 반드시 산에 의지하고 물에 임해서 집을 짓게 했고, 밭 갈아 농사짓고 물고기 잡고 사냥하는 것은 편리함을 따라 갈 수 있게 했으니, 산해경이란 책에 이르기를, 북쪽 바다에 나라가 있어 이름하여 조선이라 했으니, 하늘이 그 사람들을 키워주고, 물에 살면서 사람을 사랑하여 다만 그 임금의 감화의 혜택만이 흡족하게 사방 이웃에 입혀줄 뿐만 아니라 또한 가히 그 집을 짓고 사는(결혼하여 삶) 풍속을 살펴볼 수 있겠다. 대체로 단군이 하늘에 제사지내던 곳은 두악 뿐만 아니고, 북으로 사냥 가면 태백산에 제사지냈고, 남쪽으로 순행할 때는 두악에 제사지냈으니 갑비고차 곁에는 바닷가가 있어서 배를 통하는데 용이해서, 즉 남순할 때에는 반드시 단소(참성단)에서 제사를 이루었던 것이다.

註 山海經(산해경): 작자 미상의 중국(周. 晉間)의 지리책. 山川, 草木, 鳥獸
   에 관한 기괴한 이야기(총 18권).
   甲比古次(갑비고차): 지금의 강화도. 穴口(혈구) 혹은 江都(강도).

原文 況其地孤絶靜謐山岳淨潔海天收霽則靚深晶瑩之氣使人自感神明之陟降者耶余嘗遊觀其地祭壇疊石爲

之上圓下方而太多頹圮仁祖十七年改築云噫平壤故城
壬儉舊闕今不留敗石殘磯獨一壘天壇得保其形骸豈僻
處海隈人跡稀到故耶余實不勝追遠之悲矣

語譯 하물며 그 땅이 외롭고 아주 조용하고 산악이 깨끗하고 깨끗해
서 바다와 하늘이 거두어 개면 즉 밝고 깊고 수정같이 빛나는 기운이
사람으로 하여금 스스로 신명이 오르고 내리는 것을 느끼지 않을 수
없게한다. 내가 일찌기 그 땅에 놀러가서 살펴보니, 제단은 돌을 촘촘
히 쌓아서 만들었는데 위는 둥글고 아래는 네모났으나 너무 많이 무너
지고 있었다. 인조 17년에 고쳐 쌓았다 말하는데, 슬프다. 평양의 옛 성
은 임검 옛 대궐인데 지금은 망가진 돌과 남은 주춧돌도 남아있지 않
고, 다만 한 무더기 천단만이 능히 그 뼈대만 보존이 되어있으니, 어찌
궁벽한 곳 바다 모퉁이에 사람의 발자취가 드물게 이르는 까닭인 것이
냐? 내 실로 먼 옛날을 추모하는 슬픔을 이길 수가 없었다.

原文 御國三十餘年正値洪水浩波滔天懷襄遼滿之野浿
水漲溢平壤沈潛乃遣四子遍相土地之宜占居阿斯達下
唐莊之野今文化九月山下有莊莊坪卽其地也余嘗觀其
地方數百里無大河而水勢東走原土高燥可避西來之水
矣乃結廬阿斯達下使夫妻盡濟平壤之民復治平水土屢
年而後功完唐莊之民亦已安土而樂居矣

語譯 나라를 다스린 지 30여년 만에 정히 홍수를 만나서 넓은 파도가
하늘에 닿았고 요수가 있는 만주의 벌판을 껴안아 넘쳐서 패수가 넘쳤
고 평양이 가라앉았으니 이에 네 아들을 보내서 두루 땅의 마땅함을

살펴서 점쳐 아사달 밑에 있는 당장(唐莊)의 들판을 차지하게 되었으니, 오늘날 황해도 문화(文化)의 구월산(九月山) 아래에 장장평(莊莊坪)이라는 것이 있는데 즉 그 땅이다. 내가 일찌기 그 땅을 살펴봤는데 사방 수백 리에 큰 물은 없고 물의 흐름은 동쪽으로 달려가며 언덕은 높고도 메말라 가히 서쪽에서 오는 물을 피할 수가 있었다. 이에 집을 아사달 밑에 짓고 부루로 하여금 다 평양의 백성을 그리로 건너가게 했고 다시 물과 땅을 평평히 다스린 지 여러 해 뒤에 공이 완성됐으니 당장의 백성들이 또한 이미 땅을 편안히 하고 즐겁게 살 수 있었다.

[原文] 今俗士或云檀君遭洪水使彭吳治山川奠民居云云而漢書食貨志明書武帝卽位數年彭吳穿濊貊朝鮮等句則是乃東西有兩個彭吳相前後而同掌朝鮮水土之役也史上豈有如此奇巧事耶

[語譯] 지금 세상 선비들이 이르기를 단군이 홍수를 만나서 팽오(彭吳)란 사람으로 하여금 산천을 다스리게 했고, 백성들을 옮겨 살게 했다라고 하는 말이 있는데, 한서 식화지(食貨志)와 명서(明書)에 무제가 즉위한 지 수 년에 팽오가 예맥과 조선을 뚫었다(쳐들어갔다) 등의 글귀가 있은 즉 이것은 곧 동과 서(우리나라와 중국)에 두 개의 팽오가 있어 서로 앞뒤로 하여 같이 조선의 물과 땅의 일을 다스리며 맡았었다는 것이다. 역사상에 어찌 이와 같은 기교한 일이 있을 수 있는가?

[原文] 盖夫婁與弗虞同音且漢音虞吳相通而彭弗兩字之初聲皆與夫音相近則後人忘夫婁字而只記其音又訛而只記彭吳也今人家有夫婁壇地者籬落淨潔處築土爲壇

土器盛禾穀置於壇上編茸藁草掩之每十月必薦之以新
穀或稱業主嘉利*卽報賽夫婁氏治水奠居之義賴爲鎭護
之神也

語譯 대개 부루와 불우는 같은 음으로 또 한나라 음에서는 우와 오가 서로 통하며 팽과 불 두 글자의 초성(初聲)도 다 부(夫)음과 더불어 서로 가까우니 즉 후인들이 부루의 글자를 잊어버리고 다만 그 음만 기록하고 또 잘못하여 팽오라고 기록한 것인가 보다. 오늘날 사람의 집들에 부루단지라는 것이 있으니 울타리 밑 깨끗한 곳에 흙을 쌓아 단을 만들고 흙으로 만든 그릇에 곡식을 가득 담아서 그 단 위에다 앉혀 놓고 짚을 엮어서 짚 풀로 덮어 놓고 매 10월마다 반드시 제사를 올리되 새 곡식으로 했으며 혹 일컬어 업주가리라고 했는데, 즉, 부루 씨가 물을 다스리고 살 곳을 정해준 뜻에 힘입어 꾹 눌러 지켜주며 보호하는 신이 되었음에 보답하는 것이었다.

註 業主嘉利(업주가리) : 집 뒤곁 울타리 밑의 항아리에 쌀을 넣어두고 짚으로 덮어놓곤 했었다. 이것은 부루가 홍수를 막았고 땅을 옮겨 집을 짓고 잘살게 했기에 추모하기 위해 이렇게 했다.

原文 夫婁旣平水土仍舊而奠民居萬民咸懷其德及至粗
定宅宇而濕污之氣蒸成癘疫罹疾死者甚多夫虞幷醫藥
而治之又値猛獸毒虫乘間滋殖殆將橫行民間夫蘇乃演
高矢舊法以乾艾爲料金石相擊因此廣造火種燻燒山澤
於是獸虫遠遁而其害漸除今人多携取火之物有金石艾
三種必冠之以夫蘇之名如夫蘇鐵夫蘇石夫蘇羽者皆原

於夫蘇氏之完其功也

語譯 부루가 이미 물과 땅을 고르게 다스려 놓고, 옛날을 통해서 다시 백성들의 살 곳을 정해 주었으니 만민들이 다 그 덕을 감사히 여겼다. 집과 집들이 거칠게 정해져 축축하고 더러운 기운이 나와 여역(염병같은 전염병)을 이루는 데까지 이르르니, 병에 걸려 죽는 자가 심히 많았다. 부우가 의사와 약을 가지고 다스렸고, 또 맹수 독충이 틈을 타고 불어나서 거의 장차 민간에 횡횡하게 되는데 당하여 부소가 이에 고시씨가 옛날에 하던 법(불)을 해내서 마른 쑥으로 자료를 삼고 쇠와 돌을 서로 쳐서 이에 따라서 넓게 불씨를 만들어서 산과 연못을 태우고 태웠으니 이에 짐승과 벌레들이 멀리로 도망가서 그 해가 점점 제거되었으니, 오늘날 사람들이 불을 만드는 물건을 가지고 다닐 때에 쇠와 돌과 쑥 3종류가 있는데 반드시 머리에 부소라는 이름을 붙이니 마치 부소쇠, 부소돌, 부소깃 같은 것이 다 부소씨가 그 공을 완성한 데에서 원인하는 것이다.

原文 夫婁又使民帶劍戟而行及至關嶺陿陥必積石爲堆行逢猛獸則用以爲備後世所謂石子軍者謂東國用武之一目而實原於此也

語譯 부루가 또 백성으로 하여금 칼과 창을 옆구리에 차고 다니게 했고 관문의 고개가 좁고 험한 데에 이르르면 반드시 돌을 쌓아서 무더기를 만들어 놓고 가다가 사나운 짐승을 만나게 되면 즉 그것을 써서 대비하게 했는데, 후세에 이른바 석자군이라는 것은 우리나라 옛 군대의 한 부대인데 실로 여기에서 근원한 것이다.

原文 今遺俗尚存而野叟村氓以此謂石城隍頗懷畏敬之意何後俗之陵夷如此其甚耶初神市氏之末蚩尤氏兄弟雖自涿鹿退歸而東人之占居淮岱者甚多與漢土之人雜處農蠶織牧資以爲業且南鄙海島之民皆以蠙珠魚貝相交易於漢土稍稍佳息於濱海之地至是海岱江淮之地遂爲其州里與漢土之民交遊而錯居

語譯 오늘날 내려오는 풍속에 아직도 남아 있어서 시골의 늙은이들과 마을의 백성들은 이것을 가지고 이르기를 석성황이라하며 자못 두려워하고 공경하는 뜻을 품고 있으니 어찌 뒤의 풍속이 무너짐이 이와 같이 심한 것인가. 이보다 앞서(옛날에) 신시씨 말년에 치우씨 형제가 비록 탁록으로부터 물러나 돌아왔으나 우리 동쪽 사람들이 회대의 땅을 점령해 사는 자가 심히 많았는데 중국 땅의 사람들과 더불어 섞여 살면서 농사짓고, 누에치고, 길쌈 짜고, 목축하여 생업을 삼고, 또 남비(남쪽 마을)와 바다 섬의 백성(동이족)들은 다 진주와, 물고기 조개 같은 것으로 서로 교역하면서 한토에서 차츰차츰 머물러 해빈의 땅에 살았으니 이에 이르러서 황해바다와 태산, 양자강과 회수의 땅들이 드디어 중국 땅이 되어서 중국 땅의 백성들과 더불어 서로 사귀어 놀면서 섞여 살았다.

原文 尚書所稱嵎夷萊夷淮夷島夷者皆是也夫餘之平南夷也洌水*以南完服王化以故青丘之民得漸遷居及洪水旣平南渡者益多於是南夷之人幷沾於神化遂變其俗後之辰弁諸族皆是也

語譯 상서(서경)에 일컫는 바 우이, 내이, 회이, 도이라는 것들이 다 이 것이다. 부여가 남이를 평정했으니, 한강의 남쪽(충청도, 전라도, 경상도)이 완전히 왕의 교화에 복종하여 옛날 청구의 백성(즉, 고시씨가 다스렸던 백성)들이 능히 점점 옮겨와 살게 되었고, 홍수가 이미 고르게 가라앉음에 미쳐서 남쪽으로 넘어 오는 자가 더욱 많아졌다. 이에 남이의 사람들이 아울러 점점 신령한 감화에 젖어 드디어 그 풍속이 바뀌니 뒤의 진한 변한 여러 겨레들이 다 이들이다

註 洌水(열수) : 한강.

原文 御國四十餘載而有猰㺄之亂猰㺄者猃狁之屬也洪水之際僥倖得免及看水土纔定而州里蕭然乃乘釁東侵其勢頗猛卽使夫餘會集中外之兵討平之乃益封夫餘北方之地使宅牛首忽使夫婁居壬儉城令夫蘇修樂浪忽夫虞監唐莊京更封高矢氏於南方之地

語譯 나라를 다스린 지 40여 년에 알유의 난리가 있었으니, 알유라는 것은 험윤에 소속된 사람들이다. 홍수가 났을 때에 요행히도 죽음을 면했고 물과 땅이 겨우 안정됨을 봄에 미쳐서 고을과 마을들은 쓸쓸해졌다. 이에 곧 틈을 타 알유가 동쪽을 침범했으니, 그 세력이 자못 무서웠다. 즉 부여로 하여금 중외(中外)의 군대를 모아 집합시켜서 그것을 쳐 평정했고, 이에 더욱 부여를 북방의 땅에 봉하여 우수홀(牛首忽: 전에는 평양)에 집을 짓게 하고, 부루(夫婁)로 하여금 임검성에 살게 했고, 부소로 하여금 낙랑홀을 다스리게 했고, 부우가 당장경을 감독하고 다시 고시 씨를 남방의 땅(한반도 남쪽)에다 봉해주었다.

原文 於是檀君西至壬儉城按撫庶民大會諸候令復申天下農桑之政乃北巡而祭天于太白之麓封天下山嶽河川之神凡三千餘

語譯 이에 단군이 서쪽으로 임검성에 이르러서 뭇 백성들을 살피고 어루만져 주고 크게 제후들을 모아서 하여금 다시 천하에 농업과 뽕나무를 키우는 정치를 폈다. 이에 북쪽으로 순행하면서 태백산기슭에서 하늘에 제사를 올리고 천하의 산과 물의 귀신들을 봉해준 것이 3,000여 곳이 되었다.

原文 歷牛首忽而至肅愼忽會北東諸候令祭神誌氏之靈遂立廟于夙沙達西轉而至奄慮忽會南西諸候令祭蚩尤氏之靈遂立廟于奄慮達復南巡而至甲比古次祭天于頭嶽之顚遂至樂浪忽會南東諸候令祭高矢氏之靈遂立廟于蘇婁達乃還至平壤八加及衆諸候畢集檀君乃使諸加及國內人民各獻祭于日月陰陽四時之神及山岳河川里社*之主祭畢大誥于有衆若曰惟皇一神在最上一位創天地主全世界造無量物蕩蕩洋洋無物不包昭昭靈靈纖塵弗漏

語譯 우수홀을 지나서 숙신홀에 이르러서 북동지방의 모든 제후들을 모아놓고 하여금 신지씨의 신령에 제사지내고 드디어 사당을 숙사달에 세웠으며 서쪽으로 돌아 엄려홀에 이르러 남서쪽 제후들을 모아서

하여금 치우씨의 신령에 제사지내고 드디어 사당을 엄려달에 세웠으며, 다시 남쪽으로 돌아서 갑비고차에 이르러서 하늘에 제사지내기를 두악의 꼭대기에서 하고, 드디어 낙랑홀에 이르러서 남동제후들을 모아놓고 하여금 고시씨의 신령에 제사지내고, 드디어 사당을 소루달에 세웠으며, 이에 평양에 돌아와서 8가(장관) 및 뭇 제후들이 모이매 단군이 이에 여러 가(장관) 및 국내 인민들로 하여금 각각 제사를 해, 달, 음, 양, 사시의 귀신과 산악 하천 이사(里社)를 주장하던 이들에게 제사를 올리고, 제사가 끝남에 크게 많은 백성들에게 고하여 그 말씀하기를 오직 빛나는 한 신께서 가장 위에 있는 한 자리에 계시면서 천지(天地)를 만들어냈고 전 세계를 주장하여 헤아릴 수 없는 물건을 만들어 냈으니 크고 크고 넓고 넓어서 물건에 쌓이지 아니함이 없었고, 밝고 밝고 신령스럽고 신령스러워서 가느다란 먼지 하나도 새지 않도록 하셨다.

註 里社(이사) : 마을동네를 말함.

原文 惟皇一神在最上一位用御天官啓萬善原萬德群靈護侍大吉祥大光明處曰神鄉

語譯 오직 빛나는 한 신께서 가장 위에 있는 한 자리에 계시면서 하늘의 궁을 다스려서 만 가지 선을 열고, 만 가지 덕을 근원하여 뭇 신령들이 호위해 모셔서 크게 길하고 상서로움과, 크게 빛나고 밝은 곳을 신향이라고 말했다.

原文 惟皇天帝降自天宮率三千團部爲我皇祖乃至功完而朝天歸神鄉咨爾有衆惟則天範扶萬善滅萬惡性通功完乃朝天天範惟一弗貳厥門爾惟純誠一爾心乃朝天天

範惟一人心惟同惟秉己心以及于人心人心惟化亦合天
範乃用御于萬邦

語譯 오직 빛나고 크신 천제께서 천궁으로부터 삼천단부(三千團部)를 거느리고 내려와 우리 빛나는 할아버지가 되셔서 이에 공을 지극히 완성했고 하늘로 올라가 신향으로 돌아갔다. 자, 너희들 많은 사람들은 오직 하늘의 법을 지켜서 만 가지 선을 붙들고, 만 가지 악을 없애고, 성품을 통하여 공을 완성하고, 이에 하늘로 올라가는 것이다. 하늘의 법은 오직 하나로 그 문이 둘이 아니니 너희들은 오직 순순한 정성으로 너희의 마음을 한결같이 하여야 이에 하늘에 오를 것이다. 하늘의 법은 오직 하나이니 사람의 마음은 오직 하나이고 사람의 마음은 같으니 자기의 마음을 잡아서 남의 마음에게까지 미치게 하고, 남의 마음이 오직 교화가 되어서 또한 하늘의 법에 합해야만 이에 만방을 다스릴 수가 있느니라.

原文 曰爾生由親親降自天惟敬爾親乃克敬天以及于邦
國是乃忠孝爾克體是道天有崩必克脫免

語譯 말하기를, 너희들은 태어남이 어버이로 말미암았고, 어버이는 하늘로부터 내려왔으니 오직 너희 어버이를 공경함이 곧 능히 하늘을 공경하는것으로써 나라에까지 미치는 것이니 이것이 곧 충효로다. 너희들은 능히 몸소 이 도를 실천하면 하늘의 무너짐이 있다 하더라도 반드시 벗어나 면할 것이다.

原文 飛禽有雙獒履有對爾男女以和毋怨毋妬毋淫爾嚼
十指痛無大小爾相愛毋胥讒互佑毋相殘家國以興(殷)

三. 檀君記 단군기 | 97

[語譯] 나는 새도 쌍이 있고 해진 신발도 짝이 있는 것인데 너희 남녀들은 화합하고, 원망하지 말고, 투기하지 말고, 음탕하지도 말라. 너희들은 열손가락을 씹으면 아픔에는 크고 작음이 없으니 너희들은 서로 사랑하고 서로 헐뜯지 말아서 서로 돕고, 서로 잔인하게 굴지를 말아야 나라와 집이 일어나게 되리로다.

[原文] 爾觀于牛馬猶分厥蒭爾互讓毋胥奪共作毋相盜家國以殷爾觀于虎强暴不靈乃作孼爾毋桀鶩*以我物毋傷人恒導爾天範克愛物爾如有越厥則永不得神佑身家以殞

[語譯] 너희들이 소나 말들을 본다면 오히려 그 꼴들을 나누어 먹고 있으니 너희들은 서로 양보하여 서로 빼앗지를 말고 함께 지으면서 서로 도둑질도 하지 말아야 나라와 집이 풍부해지리로다. 너희들은 호랑이가 강하고 사나운 것을 볼 것이나 신령스럽지 못해서 이에 재앙을 일으키게 되니 너희들은 사납고 거센 사람이 되어 물건을 해치지 말고, 사람을 상하게도 말고, 항상 너희들은 하늘의 법을 따라서 능히 물건을 사랑하라. 너희들이 만일에 그것을 넘음이 있다면 즉 영원히 신의 도움을 얻을 수가 없을 것이고, 몸이나 집이 죽으리로다.

[註] 桀鶩(걸오): 하나라 마지막 임금같이 거세고 사나움.

[原文] 爾如衝火于花田花將殄滅神人以怒爾扶傾毋凌弱濟恤毋侮卑爾雖厚包厥香必漏爾敬持彝性毋懷慝毋隱惡毋藏禍心克敬于天親于民爾乃福祿無窮咨爾有衆其

欽哉

[語譯] 너희들은 만일에 불을 꽃밭에 질러서 꽃이 장차 다 말라 죽는다면 신인이 노할 것이고, 너희들은 기울어진 것을 붙들어주고 약한 자를 능멸하지 말아 건져주고 돌보면서 업신여기고 비하하지를 말아라. 너희들이 비록 두텁게 보자기로 쌌으나 그 향기는 반드시 새나가는 것이니 너희들은 떳떳한 성품을 공경하여 꽉 잡아서 간사함을 품지를 말고, 악을 숨기지도 말고, 화를 감추지도 말아서 마음으로 능히 하늘을 공경하고 백성과 친해진다면 너희들은 곧 복과 녹이 무궁할 것이니, 자, 너희 민중들은 공경할 지어다.

[原文] 檀儉旣大誥于有衆於是神德大彰如此數十年天下復熙熙焉忘其災矣或曰此卽檀君八條之敎今可以此分八目或說是也後世駕洛國居登王時有㽵始仙人者自七點山而來見王於招賢臺曰君以自然爲治則民以自然成俗爲治之道古有其法君何不體之饋以太牢辭不受而去此道破先聖之訣也

[語譯] 단군왕검이 이미 크게 백성들에게 고해 주었으니 이에 신령스런 덕이 크게 들어나서 이와 같은 것이 수십 년이다가 천하가 다시 밝아지고 밝아졌고 그 재앙을 잊어버리게 되었으니, 어떤 사람이 말하기를 이것은 곧 단군 8조의 가르침이라 했으니 지금 가히 이것을 가지고 8조목을 나누어보니 혹 그 말이 옳도다. 후세에 가락국 거등왕 때에 암시선인이라는 자가 있어 칠점산에서 와서 왕을 초현대에서 만나보고 말하길, 임금께서 자연을 가지고 정치를 하신다면 즉 백성도 자연스럽게 풍속이 이루어질 것이고 다스리는 도가 될 것이라. 옛날엔 그 법이

있었는데 임금이 어찌 그것을 실천하지 아니하십니까 하니 큰 소로 선물을 했으나 사양하며 받지 않고 떠나가 버렸다. 이 말씀은 다 옛 성인을 가르는 비결이다.

原文 又崔孤雲鸞郞碑序曰國有玄妙之道實乃包含三敎接化羣生且如入則孝於親出則忠於君魯司寇之旨也處無爲之事行不言之敎周柱史*之宗也諸惡莫作諸善奉行竺乾太子*之化也孤雲*精敏文學卓越諸人博通古今文名飄動其言可謂善採先聖垂訓之精華矣此外散見於載籍者及道家文集如四聞錄三韓拾遺記等諸書者不可殫記矣

語譯 또 최고운의 난랑비 서문에 말하기를, 나라에 현명한 도가 있으니 실제로는 곧 3교를 포함한 것이다. 뭇 생명들을 접해 교화시키고 또 만일에 집에 들어간다면 어버이에게 효도하고, 나간다면 임금에게 충성하라 한 것은 노나라 사구 벼슬하던 사람(공자)의 뜻이요, 함이 없는 일에 처하고 말하지 않는 가르침으로 행동한다는 것은 주나라 주사(노자)의 주장이요, 모든 악은 짓지 말고 모든 선은 받들어 행하란 것은 축건 태자(인도 석가모니)의 교화로다. 최고운은 알차고 부지런하여 글공부가 모든 사람에게 우뚝했고 고금에 널리 통하여 글하는 이름이 크게 소문났으니 그 말이 가히 옛날 성인들이 드리운 교훈의 알찬 부분을 잘 캐내었다고 말할 수 있도다. 이밖에도 실려있는 책의 여기저기에서 나타나는 것과, 도가의 문집에서 『사문록』과 『삼한습유기』 등 여러 책들과 같은 것에 이르기까지 이루 다 기록할 수가 없도다.

註 周柱史(주주사) : 주나라 노자 벼슬.

竺乾太子(축건태자) : 인도 불교 석가모니.
孤雲(고운) : 최치원의 호.

原文 從此時常出巡以孟冬月祭天遂爲萬世之遺俗此乃東方特有之盛典而非外邦之可比也太白一山足壓崑崙*之名而有餘矣古之三神者卽太白山之三神又云三聖今文化九月山有三聖祠卽敬祀桓因桓雄桓儉者也

語譯 이때로부터 항상 나가 순찰하면서 겨울 첫 달(10월)로 하늘에 제사 지냄이 드디어 만세에 끼쳐 주는 풍속이 되어서 이곳 동방에 특유한 성스러운 잔치로 다른 나라에서 가히 비교할 수가 없었던 것이다. 태백이란 한 산은 족히 곤륜(에베레스트산)이란 이름을 누르고도 남음이 있도다. 옛날의 3신산이라는 것은 즉 태백산인 것이요, 3신은 또 3성이라 이르는데, 오늘날 문화 구월산에 3성사가 있으니 환인, 환웅, 환검을 공경해 제사 지내는 것이다.

註 崑崙山(곤륜산) : 중국에서 제일 높은 산.

原文 今檀君之敎雖不得健行而神化靈訓猶傳於後世擧國男女猶崇信於潛黙之中卽人生生死必曰三神所主兒小十歲以內身命安危及智愚庸俊多托於三神帝釋三神者卽創天地造治民物之三神也

語譯 오늘날 단군의 가르침은 비록 씩씩하게 행하지는 못하고 있으나 그 신령스런 교화와 교훈은 오히려 후세에까지 전하고 있어서 온 나라

남녀들이 말없는 가운데에서 높이 믿고 있는 것이다. 즉, 인생이 살고 죽는 것은 반드시 말하건대 삼신께서 주관하는 바여서 어린아이가 10살 이내의 몸과 목숨의 편안함과 위험함과 또한 지혜로움과 어리석음과, 용렬함과 빼어남이 많이 3신 제석에게 달려있다 했으니 3신이란 즉 천지를 만들어내고 백성과 물건을 다스리는 3신인 것이다.

原文 帝釋等語雖出於佛家之法華經亦天帝之意此則只因古史譯出於緇流之手也不可妄以爲非

語譯 제석 등의 말은 비록 불교 법화경이란 책에서 나왔으나 또한 하느님이란 뜻이니 이것인즉 다만 따라서 고사를 번역해 나온 것이 중들의 손에서 나오는데서이니 가히 망령되이 그르다고 할 수 없는 것이다.

原文 昔司馬相如謂漢武帝曰陛下謙讓而弗發契絶也三神之歡註云三神上帝三神之說當時亦通于漢土矣盖東方諸山以太白名者頗多俗士率以寧邊妙香山當之實由於一然三國遺事之說而彼等眼孔如豆安足以與論哉

語譯 옛날 사마상여란 사람이 한나라 무제에게 일러 말하기를 폐하께서는 겸손하고 사양하셔서 말을 하지 아니하시니 삼신의 즐거움을 끊으신 것입니다 했는데, 주(註)에 이르기를, 삼신은 상제를 말한다 했으니 삼신이란 말은 당시에 또한 중국 땅에서 통하던 말이었다. 대개 동방의 여러 산이 태백을 가지고 이름한 것이 자못 많은데 세상 선비들이 다 영변에 있는 묘향산을 가지고 이에 해당한다고 한 것은 실로 저 일연이란 사람의 삼국유사의 말에 말미암은 것이니 저들의 눈구멍이 콩알 같아서 어찌 족히 더불어 말하겠는가.

原文 今白頭山上有大池周八十里鴨綠混同諸發源於此
曰天池旣上述神市氏乘雲朝天處也妙香曾無一小泞其
不爲桓雄肇降之太白不足辨也盖白頭巨岳盤據大荒之
南橫亘千里高出二百里雄偉嶒崚峴崼磅礴爲東方諸國
之鎭山神人陟降之實始於此豈區區妙香一山只係狼林
西走之一脈而得參如許聖事耶

語譯 지금 백두산의 꼭대기에 큰 연못이 있으니 둘레가 80리요, 압록강과 혼동강이란 여러 강이 여기에서 출발해 근원하고, 말하기를 천지(天地)라 하는 것은 즉 위에서 신시씨가 구름을 타고 하늘에 올라갔다고 기술한 그 곳이다. 그러나 묘향산은 일찍이 조그마한 웅덩이도 없으니 그 환웅이 처음으로 내려온 태백산이 되지 않는다는 것은 족히 말할 필요가 없는 것이다. 대개 백두란 큰 산은 크고 거친 만주벌판 남쪽에 걸터앉아 있어서 가로 천리를 뻗쳤고 높이는 200리나 솟아서 그 크고 위대하고 구불구불 층층이 뻗어내려서 얼기설기하여 동방 여러 나라의 진산이 되어 신령스런 사람이 오르고 내림이 실로 여기에서 시작 됐으니 어찌 째째한(작고 조그마한) 묘향이란 한 산이 다만 낭림(狼林)에 붙어서 서쪽으로 달리는 한 줄기로서 성인의 일에 참여함을 얻었겠는가?

原文 世俗旣以妙香爲太白則其見只局於鴨水以南一隅
之地便唱山之祖宗*崑崙欣欣然以小中華自甘宜其貢使
北行屢百年而不爲之恨僅以南漢城下之羞*囂囂然*自
歎者也

語譯 세상 풍속이 이미 묘향산으로써 태백산을 삼으니 즉 그 견해는 다만 압록강물 남쪽 한 모둥이 땅에만 국한하여 문득 부르짖는 것인데, 산의 조정은 중국 곤륜산으로 흐뭇해하며 소중화(小中華)로 스스로 달게 마땅하게 여기고, 그 조공 바치는 사신이 북쪽으로 중국을 행한지가 여러 백년인데도 한탄을 하지 않다가 겨우 남한산성 밑의 부끄러움으로 떠들썩한 듯 스스로 탄식하는 것이다.

註 祖宗(조종) : 임금의 시조(始祖)와 중흥(中興)의 조(祖). 대대의 임금.
南漢城下之羞(남한성하지수) : 병자호란 때 청나라 태종에게 인조가 허리를 3번 굽히고 머리를 9번 조아린 끝에 항복함.
囂囂然(효효연) : 시끄러운 모양.

原文 余嘗歷觀載籍白頭山之異名頗多山海經曰大荒之中有山名不咸有肅愼氏之國後漢書曰東沃沮在高句麗蓋馬大山之東東濱大海北與挹婁接註云在平壤城西此漢士眩學之妄語也挹婁乃肅愼後身東沃沮又在今咸鏡之北則蓋馬之謂太白可知

語譯 내가 일찍이 책들을 두루두루 살펴보니 백두산의 다른 이름은 자못 많았다. 산해경에 말하기를, 큰 거친 벌판 만주가운데 산이 있으니 이름은 불함이요 숙신씨의 나라에 있도다 했고, 후한서에 말하기를, 동옥저란 나라는 고구려에 있으니 개마태산의 동쪽이요, 동쪽 가는 큰 바다고 북쪽은 읍루와 더불어 접해 있다 했는데, 주(註)에 평양성 서쪽에 있다 했으니, 이것은 중국 선비들에게 현혹되어 잘못 배운 망령된 말이로다. 읍루는 곧 숙신의 후신이요, 동옥저는 오늘날 함경도 북쪽에 있어서 즉 개마가 태백이 된다는 것을 가히 알 수 있도다.

原文 且麗史列傳曰女眞本高句麗之部落聚居于蓋馬山東云當時女眞明在白頭山之東北蓋馬之爲白頭明矣魏書勿吉傳曰國有徒太山魏言太白有虎豹熊狼不害人人不得上山溲溺云云北史勿吉傳亦曰國有徒太山華言太白俗甚畏敬之

語譯 또 여사열전(麗史列傳)에 말하기를, 여진은 본래 고구려의 부락으로 개마산 동쪽에 모여서 살았다고 했으니 당시 여진은 분명코 백두산 동북쪽에 있었으므로, 개마가 백두가 된다는 것은 분명하도다.
위서(魏書) 물길전에 말하기를, 나라에 도태산(徒太山)이 있으니 위나라 말에 태백에는 호랑이, 표범, 곰, 이리 같은 것이 있는데 사람을 해치지 아니하고, 사람들도 산상에 올라가서는 오줌을 누지 않는다 라고 되어 있고, 북사 물길전에 또한 말하기를, 나라에는 도태산이 있으니 중국말로 태백이고, 풍속에서는 그것을 두려워하고 심히 공경한다고 되어있다.

原文 唐書曰粟末部居最南抵太白山亦曰徒太山與高麗接括地志曰靺鞨故肅愼也其南有白山鳥獸草木皆白

語譯 당서(唐書)에 말하기를, 속말부(粟末部)가 가장 남쪽에 있으면서 태백산 밑이 된다 했고, 또한 말하기를, 도태산이 고려와 더불어 국경이 접해있다 라고 되어있다. 괄지지에 말하기를, 말갈은 옛날 숙신이란 땅인데 그 남쪽에는 백산이 있어 새와 짐승과 풀과 나무가 다 하얗다 라고 되어있다.

原文 金史高麗傳述高句麗以來靺鞨之事曰黑水末曷居古肅愼地有山曰白山蓋長白山金國之所起焉葉隆禮遼志曰長白山在冷山東南千餘里蓋白衣觀音所居其山內禽獸皆白人不敢入恐穢其間云云又曰黑水發源于此

語譯 금사란 책 고려전이란 부분에, 고구려 이래로 말갈의 일을 써서 말하기를, 흑수말갈은 옛날 숙신땅에서 살고 있었는데 산이 있어 백산이라 한다 라고 되어있다. 대개 장백산은 금나라에서 쓰기 시작한 것인데 섭융례란 사람이 쓴 요나라 역사책(遼志)에 말하기를, 장백산은 냉산동남쪽 천 여리에 있으며 대개 흰옷 입은 관음보살이 살고 있는데 그 산속의 새나 짐승은 다 하얗게 되어있어서 사람들이 감히 들어가지 못하며 또 그 사이를 더럽힐까 두려워한다 라고 되어있다. 또 말하기를, 흑수(흑룡강)가 여기에서 발원한다 라고 되어있다.

原文 明一統志曰長白山在三萬衛東北千餘里故會寧府南六十里橫亘千里高二百里其嶺有澤周八十里淵深莫測南流爲鴨綠江北流爲混同江東流爲阿也苦河云然則不咸蓋馬太白徒太白長白等名皆同山異名而歷代方言之異也

語譯 명나라 일통지(一統志)란 역사책에 말하기를, 장백산은 3만위 동북쪽에서 천 여리에 있는데 옛날 회령부 남쪽 60리로서 가로 천 리를 뻗쳐있고 높이는 200여 리이다. 그 꼭대기에는 연못이 있으니 둘레가 80리요 연못은 깊어서 헤아릴 수 없으며 남쪽으로 흘러서는 압록강이 되고, 북쪽으로 흘러서는 혼동강이 되며 동쪽으로 흘러서는 아야고하

(阿也苦河)가 됐다 라고 되어있다. 그렇다면 불함, 개마, 태백, 도태, 장백 등과 같은 이름은 다 산은 같은데 이름이 다른 것이니 역대 사투리의 차이로다.

原文 又高麗史光宗十年逐鴨綠江外女眞於白頭山外居之云則白頭山之名始見於此而蓋字之音近於白字之意東語馬頭亦同訓蓋馬白頭之異字同意亦可明辨而白頭之名其來亦尙矣

語譯 또 고려사 광종 10년에 압록강 밖 여진족을 백두산 밖으로 쫓아내어 거기서 살게 했다 라고 되어있으니 즉 백두산의 이름이 비로소 여기에서 나타나고, 개자의 음이 백자의 뜻에 가까워서 동쪽의 말에 마두 또한 같은 뜻이니 개마와 백두는 다른 글자나 뜻은 같음이 또한 가히 분명히 가려졌고, 백두의 이름은 그 내려옴이 또한 오래 되었도다.

原文 東方諸山有馬耳摩尼等山俗人幷以摩利呼之曾不相別蓋馬耳摩尼幷出於頭字之意也今廣州有修理山此必鷲山之意也積城有紺岳山則乃玄山之意也

語譯 동방 여러 산에 마이와 마니 등의 산이 있으니 속인들이 아울러 마리(摩利)로써 불러서 일찍이 서로 구별하지 못했으니 대개 마이(馬耳)와 마니(摩尼)는 아울러 두 자(頭字)의 '머리'라는 뜻에서 나온 것이다. 오늘날 광주(廣州)에 수리산이란 산이 있으니 이것은 반드시 독수리산의 뜻이고, 적성에 감악(紺岳)산이 있는데 즉 곧 검은(가물)산의 뜻이다.

三. 檀君記 단군기 | 107

原文 忠州有達川則是月川之意也而馬耳摩尼之爲頭嶽或頭山之訛尤可辨矣太白之一名曰白頭甲比古次之祭天處曰頭岳此非檀君祭天必隨頭名之山耶乃檀君祭天處必成頭名之山也盖頭者最上或元首之稱也白頭爲東方諸山之宗而又是東人始降之地兼復元首檀君恒行祭天禮于其山當時之人名之曰頭山也必矣

語譯 충주의 달천(達川)이란 내가 있는데 즉 이것은 월천(月川)의 뜻이다. 그러니까 마이(馬耳)와 마니(摩尼)가 두악(頭嶽)이 되고 혹 두산의 잘못됨이 더욱 가히 가릴 수가 있다. 태백의 한 이름은 말하건대, 백두란 것이고, 갑비고차(강화도)에서 하늘에 제사지낸 곳을 두악이라고 하니, 이것은 단군이 하늘에 제사지내는 것은 반드시 두 자(頭字)를 따르는 이름의 산에서가 아니고, 곧 단군이 하늘에 제사지내는 곳은 반드시 두(머리)를 이루는 이름의 산이었으니 대개 두(머리) 자(頭字)는 가장 위요, 혹은 으뜸머리의 일컬음이다. 백두란 것은 동방 여러 산의 우두머리요, 또 동쪽 사람들이 처음으로 내려온 땅이고, 겸하여 다시 큰 우두머리인 단군께서 항상 하늘에 제사지내는 예(禮)를 그 산에서 행해서서 당시의 사람들이 이름하여 말하기를 두산(頭山)이라 한 것이 분명하도다.

原文 而甲比古次之頭嶽亦不出於此外也獨不知牛首河之名亦只出於沈牛首之俗耶此不可斷矣然則神市氏之降旣在於白頭山乃漸徙西南復沿浿水而南來三氏之族又各四遷也且太白旣爲東方靈地祭天大儀必始於其山則自古東民之崇敬是山也不尋常

[語譯] 따라서 갑비고차(강화도)의 두악(머리산-마리산)도 또한 예외일 수는 없을 것이다. 다만 우수하(牛首河)란 이름만은 알 수 없으니 또한 다만 소머리를 물속에 잠기게 하는 풍속에서 나온 것인가? 이것은 가히 단정 지을 수가 없도다. 그렇다면 신시씨가 내려온 것이 이미 백두산에 있어서 곧 점점 서남쪽으로 옮겨 갔고, 다시 패수를 따라 남으로 온 삼씨(삼한)의 족속이요, 또 각각 사방으로 옮겨 갔던 것이다. 태백은 이미 동방의 영특스런 땅이 되어서 하늘에 제사지내는 큰 의식은 반드시 그 산에서 시작 되었으니 즉 자고로 동쪽 백성들이 이 산을 높여 공경함이 심상치 아니했다.

[原文] 且古昔禽獸悉沾神化安捿於其山而未曾傷人人亦不敢上山溲溺而瀆神恒爲萬代敬護之表矣

[語譯] 옛날에 새나 짐승이 다 신령스런 교화에 젖어서 편안히 그 산에서 깃들어 살았고, 일찍이 사람을 상하게 아니했으며, 사람도 또한 감히 산 위에 올라가서 함부로 오줌을 누어가지고 그 신을 더럽히지 아니하여 항상 만대의 공경하고 보호하는 표시로 삼았다.

[原文] 夫我先民皆出於神市所率三千團部之裔後世雖有諸氏之別實不外於檀祖同仁之神孫因雄儉三神之開創肇定之功德常傳誦而不忘則古民指其靈山曰三神山者亦必矣

[語譯] 대체로 우리 조상 백성들은 다 신시에서 나와서 거느린 바 3천 단부(團部;무리)의 후예로서 후세에 비록 여러 씨의 구별은 있었으나 실로 단군 할아버지의 사랑을 같이 받는 신령스런 자손 아님이 없었으

니 환인 환웅 단검 3신이 처음 나라를 열어 정해준 공덕이 항상 전해 외워져서 잊혀지지 않고 있으니 즉 옛날 백성들이 그 영산을 가리켜서 삼신산(三神山)이라고 말한 것은 또한 필연적이다.

原文 蓋神市以降神化之漸逐歲益深立國經世之本自與人國逈異其神風聖俗遠播於漢土漢土之人有慕於神化者必推崇三神至有東北神明之舍之稱焉及其末流之弊則漸陷於荒誕不經愈出愈奇怪誕之說迭出於所謂燕齊海上怪異之方士蓋其地與我震邦相接民物之交特盛自能聞風驚奇

語譯 대개 신시에서 내려옴으로 신의 교화가 점점 퍼짐이 해가 갈수록 더욱 깊어졌으나, 나라를 세워 세상을 다스리는 근본은 스스로 사람들이나 나라와 더불어 아주 달라지게 되었다. 그 신령스러운 바람과 성스러운 풍속이 멀리 중국 땅에까지 퍼져서 중국 땅에 사는 사람들이 그 신의 교화를 사모하는 자가 있어 반드시 미루어 삼신을 높였으니 동북쪽의 신령스런 밝은 집이란 일컬음이 있는 데까지 이르게 되었다. 그 끝에가서는 폐단이 생겨 점점 허무맹랑한 데 빠져 떳떳하지 않음이 더욱 나갈수록 더욱 기이해져 괴상하고 허탄한 말이 이른바 연나라 제나라 바다 위에 신선의 술법을 닦는 이상한 사람이 나오게 되니, 대개 그 땅은 우리나라와 더불어는 서로 접하고, 백성과 물건의 교류가 특별히 왕성하여 스스로 능히 소문을 듣고 놀라고 기이하게 여겼다.

原文 又推演傳會曰三神山是蓬萊方丈瀛洲在渤海中云云且患其無驗則曰望之如雲終莫能至云云以惑其世主

神仙傳又以海中字推以斷之曰海上有三神山曰蓬萊方
丈瀛洲山謂之三島云云

語譯 또 미루어 부풀려 크게 모아 말을 늘려 말하기를, 삼신산이란 산은 이 봉래산과 방장산과 영주산인데 발해 가운데 있다 라고 하였다. 또 그 증험이 없음을 고심하여 말하기를, 바라보면 구름과 같아서 끝내 능히 거기 이를 수 없다 라고 하면서 그 세상을 혹하게 했다고 신선전에서 주장하고, 또 해중이라는 글자를 미루어 단정내려 말하기를, 바다 위에는 삼신산이 있는데 말하기를 봉래요 방장이요 영주산이라 하는데 이르기를 세 섬이라고 했다.

原文 而於是海上六鰲荒怪之說繼出於閒人之筆乃我國
之士則更效嚬*於此曰金剛蓬萊也智異方丈也漢拏瀛洲
也則此又返咀漢士之餘唾也

語譯 이에 바다 위에는 6마리의 자라가 거칠고 괴상하게 움직인다는 말이 계속 이어져 한가하게 노는 사람들 붓(글)속에서 나왔으니 이에 우리나라 선비들도 다시 효빈하여 말하기를, 금강산이 봉래산이고, 지리산이 방장산이고, 한라산이 영주산이라고들 했으니, 즉 이것은 중국 선비들의 씹어뱉어버린 침을 다시 삼키는 것과 다를바 없는 것이다.

註 效嚬(효빈): 월(越)나라의 미인 서시(西施)가 불쾌한 일이 있어 얼굴을 찡그렸더니 한 추녀(醜女)가 그걸 보고 흉내냈다는 고사(故事)에서 나온 말로서, 무턱대고 남의 흉내를 냄을 이름.

原文 史記封禪書曰三神山者其傳在渤海中盖嘗有至者
諸僊人及不死之藥皆存焉其物禽獸盡白而黃金銀之宮

闕云云

語譯 사기의 봉선서에 말하기를, 삼신산이란 것은 그 전하는 것이 발해 가운데 있는데 대개 일찍이 이르른 자가 있었으니 모든 신선들과 또한 죽지 않는 약이 다 거기에 있으며 그 물건과 새와 짐승들은 다 하얗고, 황금과 은으로 궁궐을 지었다라고 되어있다.

原文 又仙家書類或曰三神山有還魂不老等草一名震檀云今白頭山自古有白鹿白雉或白鷹之屬

語譯 또 선가서(仙家書) 따위에 혹 말하기를, 삼신산(三神山)엔 혼을 돌려보내며 늙지 않는 풀(불로초) 등이 있고 일명 그것은 진단(震檀)이라고 한다 라고 되어있다. 오늘날 백두산에는 예부터 흰 사슴과 흰 꿩과 혹은 흰 매 따위가 있었다 한다.

原文 括地志所云其南有白山鳥獸草木皆白者是也方士之說頗有所據也又白頭山一帶時產山蔘世人擬之以不老草山氓欲採取則必沐浴致齊祭山以後敢發其還魂不老草之名想亦原於此也

語譯 괄지지(지리책)에 이른바, 그 남쪽에 백산이 있는데 새와 짐승과 풀과 나무가 다 하얗다 라고 했으니 이것이야말로 방사의 말에서 자못 근거한 바가 있도다. 또 백두산 일대에는 때로 산삼이란 것이 생산되는데 세상 사람들은 불로초로 생각했던 것이다. 산사람들이 그것을 캐고자 할 때에는 즉 반드시 목욕재계를 다하고 산에 제사를 지낸 다음

에 감히 출발했으니 그 혼이 돌아온다는 말과 늙지 않는다는 이름은 상상컨대 또한 여기에서 근원한 것인가 보다.

原文 古烏斯帝*北巡而得靈草則此尤驗矣且白頭山產紫檀樹從古所稱檀木者是也而古記所傳九變震檀之說想必有因於此而不老震檀云云者盖亦聽者之錯誤也然則燕齊方士扼腕而言海中三山者亦並遊於夢中欺其主而又自欺也

語譯 옛날에 오사제(단군 4세 임금)께서 북쪽으로 순행하다가 신령스러운 풀을 얻었다라 했으니 즉 이것이 더욱 증험이로다. 또 백두산엔 자단수가 생산되니 예부터 일컫는바 박달나무란 것이 그것이다. 옛 기록에 전하는 바에 진단(震檀)이 9번 변한다는 말은 상상컨대 반드시 여기에서 원인이 있는 것 같고, 불로진단(不老震檀)이라고 말한 것들도 대개 듣는 자가 착각한 것은 잘못인 것이다. 그렇다면 연나라 제나라 방사들이 주먹구구식으로 말을 하되, 바다 가운데 삼산(三山)이란 말도 또한 아울러 꿈 가운데서 놀면서 그 주인(임금)도 속이고 또 스스로도 속은 것이다.

註 烏斯帝(오사제) : 제4대 단군 임금.

原文 今我國有願得三山不老草拜獻高堂白髮親之句殆爲養老者春祝之定文究其原則亦可噴飯何不卽往白頭山拜檀帝之靈而祈其萬壽耶漢淮陽之地古陳國地本太昊*之墟婦人崇好祭祀用史巫*故其俗崇巫鬼

語譯 오늘날 우리나라에도 삼신산(三神山) 불로초를 얻기를 원하여 절하고 고당의 흰머리 어버이에게 바친다는 글귀가 있으니, 거의 늙은이를 봉양하는 자 젊음을 비는 정한 글인데, 그 근원을 살피면 또 우스워서 먹던 밥이 튀어 나올 것 같도다. 어찌 백두산에 나아가서 단제의 신령에게 절하면서 그 만수를 빌지 않는가? 중국의 회양의 땅은 옛날 진(陳)나라 땅인데 본래는 태호(복희씨)의 터였다. 부인들이 제사를 높이고 좋아하여 사무를 썼던 고로 그 풍속이 무당과 귀신을 숭상하게 되었으니,

註 太昊(태호): 복희씨.
史巫(사무): 무당, 귀신과 만나는 굿을 함.

原文 陳詩曰坎其擊鼓宛丘之下亡冬亡夏僵其鷺羽又曰東門之枌*宛丘之栩子仲之子婆娑*其下吳禮聞其歌則曰國亡主其能久乎云云此又伏犧所傳倚數觀變之餘弊也

語譯 진나라 때의 시에 말하기를,
　　감감감하고 북을 치니 완구(언덕 밑)에서 하도다.
　　겨울도 없이 여름도 없이 그 갈매기 깃털을 가지고 하도다.
또 말하기를,
　　동문의 느릅나무요 완구의 도토리로다.
　　자중의 자(아들·딸)들이 그 밑에서 춤을 추도다.
라고 했는데, 오례란 사람이 그 노래를 듣고 말하기를, 나라가 망하니 임금이 그 능히 오래 갈 수 있겠느냐 라고 했고, 이것은 또 복희가 전하는 바 숫자에 의지해서 변화를 관찰하는 남은 폐단이라 했다.

註 枌(분) : 한나라 고조가 고향의 豊에서 느릅나무 2그루를 심어 토지 神으로 삼은 고사에서 느릅나무를 고향의 뜻으로 함.
婆娑(파사) : 너울너울 춤추는 모양.

原文 孟子曰舜生諸馮東夷之人也尙書曰舜肆類于上帝禋于六宗望秩于山川徧于群神虞舜以前曾無是事此或原於上古東邦祭天報本之禮及山嶽河川洋海沼澤皆有奉命主治之神者也

語譯 맹자 말하기를, 순임금은 저풍(諸馮)에서 태어나 동이(東夷)사람이었다고 했고, 상서(서경)에 말하기를, 순임금은 하느님에게 제사지냈고 육종(六宗)에게도 제사 지냈고, 산천(山川)에도 제사 지냈으며, 뭇 신들에게 두루 제사 지냈다. 우순임금 이전에는 일찍이 이런 일(제사 지낸 일)이 없었으니 이것은 혹 상고(上古) 때 동방에서 하늘에 제사 지내고 근본에 보답하는 예와 또한 산과 물, 바다, 연못들에 다 명령을 받들어 다스리는 것을 주관하는 신이 있었던 것에 혹 근원하는 것인가 보다.

原文 漢土自古以雍州積高爲神明之隩故立時郊上帝諸神祠皆聚云則此又與檀祖祭太白同其類也

語譯 한나라 땅은 예부터 옹주란 땅으로 쌓임이 높다 하여서 밝은 신들의 아랫목이 된다고 한 고로 제사 지내는 터를 세워 상제에게 제사 지냈고, 모든 신의 사당집이 다 거기(옹주)에 모여 있다 했으니 이것은 또 단군 할아버지께서 태백산에 제사 지낸 것과 더불어 같은 종류인 것이다.

原文 齊俗有八神之祭八神者曰天主地主兵主陰主陽主月主日主及四時主也天好陰故祠之必於高山之下小山之上此祭天太白之麓之類也地貴陽祭之必於澤中圜丘此祭天頭嶽之類也

語譯 제나라 풍속에 8신에게 제사 지내는 것이 있으니, 8신이란 하늘을 주관하는 신, 군대를 주관하는 신, 땅을 주관하는 신, 음을 주관하는 신, 양을 주관하는 신, 달을 주관하는 신, 해를 주관하는 신 및 봄, 여름, 가을, 겨울(사시)을 주관하는 신이다. 하늘이란 음을 좋아하는 고로 거기에 제사 지낼 때에는 반드시 높은 산 밑이거나 조그만 산 위에서 했으니, 이것은 하늘에 제사 지낼 때에 태백산 기슭의 한 따위이니라. 땅은 양을 귀히 여기니 여기에 제사 지낼 때에는 반드시 연못 가운데의 둥근 언덕에서 했으니, 이것은 하늘에 제사 지내는 것을 두악에서 한 따위이니라.

原文 兵主祠蚩尤蚩尤氏爲萬代强勇之祖作大霧驅水火又爲萬代道術之宗是以太初之世恒爲東方戎事之主海岱一帶曾爲其族虎據之地藍侯之民再進而建奄徐諸國於淮岱之地則八神之說萌於是時也

語譯 병주는 치우씨에게 제사 지내는 것이니, 치우씨는 만대에 걸쳐서 강하고 용맹스런 할아버지가 되어 큰 안개를 일으키고 물과 불을 몰면서 또 만대에 도술의 우두머리가 되었으니 이로써 태초의 세상에서는 항상 동방에서 전쟁일을 주관하는 사람이 되어서 중국의 동해 바다나 태산 일대가 일찍이 그 겨레들이 호랑이 같이 웅거하던 땅이 되

었었고, 남후(藍候)의 백성들이 다시 나아가서 엄서(奄徐)의 여러 나라를 회수와 태산지방에 세웠었던 것이니 8신이라는 말이 이때에 싹튼 것이로다.

原文 漢高起兵於豊沛則祠蚩尤釁鼓旗遂以十月至灞上與諸侯平咸陽而立爲漢王則因以十月爲年首此雖襲於秦之正朔而亦有因於敬蚩尤也後四歲天下已定則令祝官立蚩尤之祠於長安其敬蚩尤之篤如此

語譯 한나라 고조(유방)가 군대를 풍패(豊沛)에서 군사를 일으킬 때에 즉 치우씨에게 제사를 지냈고 북을 치고 깃발을 흔들어 드디어 10월로써 패수 위에 이르러서 여러 제후들과 더불어 함양을 평정하고 그리고 서서 한왕이 되었었으니 즉 따라서 10월로써 해머리(정월)를 삼았던 것이다. 이것은 비록 진(秦)나라 때의 달력(정월 초하루)을 이어받은 것이나 또한 치우씨를 공경하는 데에 원인이 있었던 것이다. 후 4년 만에 천하가 이미 안정 되었은 즉 축관에게 명령하여 치우씨의 사당을 장안(서울)에다 세우게 하니 그 치우씨를 공경하는 도타움이 이와 같았다.

原文 晋書天文志蚩尤旗類彗*而後曲象旗主所見之方下有兵云則是乃蚩尤氏上爲列宿也通志氏族略蚩氏蚩尤氏之後也云則是蚩尤氏之後而永居於漢土者也蚩尤氏之英風雄烈播傳異域之深推此可知而今世人殆無過問者則此又國史散滅之故也而後代學者竟不免疎迂之譏矣

語譯 진서(진나라 역사책) 천문지에 치우 깃발이 혜성과 같아 가지고 뒤가 구부러진 모양인데 깃발이 주로 보이는 방향 아래에는 군대(적병)가 있었다 라고 했으니, 이것은 곧 치우씨가 올라가서 하늘의 별이 된 것이다. 통지의 씨족략의 치씨는 치우씨의 후손들이다 라고 되어있으니 즉 이것은 치우씨의 후손들로 영원히 중국 땅에 산 것이다. 치우씨의 영특한 모습(소문)과 크고 매움이 이역에 퍼져 깊이 전함을 오직 가히 알 수 있는데, 오늘날 사람들은 치우씨에 관하여 거의 더불어 묻는 자가 없으니 즉 이것은 또 우리나라 국사가 흩어지고 없어진 까닭이로다. 그래서 후대 학자들은 마침내 소홀히 했다는 나무람을 면할 수 없는 것이다.

註 彗(혜) : 혜성, 천문살별.

原文 盖燕齊之士沈惑於神異之說亦尙矣自齊威宣燕昭之時遣使求三神山秦漢之際宋無忌正伯僑克尙羨門子高之徒則皆燕人也文成五利公孫卿申公之屬皆齊人也

語譯 대개 연나라, 제나라의 선비들은 귀신의 이상한 말들에 아주 정신을 빠뜨린지가 또한 오래 되었다. 제나라 위왕과 선왕, 연나라 소왕 때로부터 사신을 보내 삼신산을 찾았었고, 진나라 한나라 때의 송무기(宋無忌), 정백교(正伯僑), 극상(克尙), 선문자고(羨門子高)의 무리들은 즉 연나라 사람이었고, 문성과 오리와 공손경과 신공들은 다 제나라 사람이었다.

語譯 昔太公治齊修道術後世其地多好經術者則此又太公爲之助俗也燕齊之士安得以不好怪異之說哉余幼而

嫌梳頭老婢論曰不梳頭者蚤虱鑽穴將至耳腦相通寧不懼乎

語譯 옛날에 강태공이 제나라를 다스릴 때에 도술을 닦아서 후세의 그 땅은 많이 경술을 좋아했으니 즉 이것은 또 태공이 한 것이 풍속을 도와준 것이다. 연나라, 제나라의 선비들이 어찌 능히 괴상하고 이상한 말을 좋아하지 아니했겠는가. 내가 어려서 머리 빗는 것을 싫어했으니 늙은 종이 일러 말하기를, 머리를 빗지 않는 자는 벼룩과 이가 구멍을 뚫어서 장차 귀와 뇌가 서로 통하게 된다고 했으니 어찌 두렵지 않았겠는가?

原文 余曰寧有是事乎曰東部山邨之兒正如是矣及後到山村無有是事嘗與客坐談客曰木之最大者有徑數間者曰寧有是事乎曰嶺東之地多斯木斫而橫之則行旅可連枕而宿其上一面至數十人

語譯 내가 말하기를, 어찌 그런 일이 있을 수 있는가? 라고 말하니 말하기를, 동쪽 지방의 산마을의 아이들이 정히 이와 같다 하였다. 뒤에 산촌에 도착하니 그런 일은 없었다. 일찍이 나그네와 더불어 앉아서 얘기했는데 나그네가 말하기를, 나무 중에 가장 큰 것은 지름이 여러 칸 된다 라고 했다. 내가 말하기를, 어찌 그런 일이 있겠소 하니 나그네가 말하기를, 영동의 땅에 이런 나무가 많으니 쪼개서 가로 놓으면 나그네들이 가히 죽 연이어 베게로 하여 잘 수가 있는데 그 위의 한 쪽에만도 수십 사람에 이르른다고 했다.

原文 其後余隨舍叔父至嶺東曾無是木及讀莊子曰北溟有魚其名爲鯤化而爲鳥其名爲鵬其長數千里其翼若垂天之雲余問於師曰可信有此事否曰窮髮之北安知其必無耶

語譯 그 뒤에 작은 아버지를 따라서 영동에 이르렀으나 일찍이 그러한 나무는 없었다. 장자를 읽음에 미쳐서 말하기를, 북쪽 바다에 물고기가 있어 그 이름은 곤이라고 하는데 변화하여 새가 되면 그 이름은 붕새라 한다. 그 길이가 수천리요 그 날개가 드리우면 하늘의 구름과 같다 라고 되어 있다. 내가 스승에게 물어 말하기를, 가히 이러한 일을 믿을 수 있습니까 아닙니까 하니까 말씀하기를, 풀이 나지 않는 북쪽 끝에 어찌 그런 동물이 있었는지를 어떻게 알겠는가? 했다. 반드시 없다는 걸 알겠느냐?

原文 雖然其後歷觀載籍且無是語今大荒數萬里未聞有數千里巨湖且寒威酷烈絶冠天下安容如許大物能逍遙於寒熱兩極之間耶其云搏扶搖*而上者有九萬里欲杜世人之辨也

語譯 비록 그러나, 그 후에 두루두루 책을 살펴보니, 또한 이러한 말은 없었다. 지금 만주벌판 수만리에 수천리나 되는 큰 호수가 있다는 것을 듣지 못했다. 또한 차고 무서움이 아주 혹독하고 매워서 천하에 더 없는 것인데 어찌 이런 큰 물건을 용납해서 능히 차고 뜨겁고 한양쪽 끝 사이에서 소요하게 하겠는가. 또 그것에 이르기를 부요(회오리바람)를 치면서 하늘로 올라가면 구만리라 했는데 세상 사람들의 변론을

막고자 하는 것이다.

註 扶搖(부요) : 폭풍. 회오리 바람. 힘차게 움직여 일어남.

原文 又看神異經曰崑崙之西有大蛇繞山長三萬里云云長三萬里大蛇盤據於崑崙之西則西域諸國應遊牧於鱗角之下世間寧有是事耶蓋喜作迂怪之說者必籍於聽者之所不知此漢土迂怪之士只憑東方三神之說而囂囂然胥出浮言以惑其聽者也

語譯 또 신이경이란 책에 말하기를, 곤륜산의 서쪽에 큰 뱀이 있는데 산을 에워싸서 길이가 3만리다 하는 말이 있다. 길이가 3만리라면 큰 뱀이 곤륜산 서쪽에 서리고 앉아서 즉 서역지방의 여러 나라들이 응당 그 뱀의 비늘 뿔 밑에서 놀고먹게 될 것이니 세상 사이에 어찌 이러한 일이 있겠는가. 대개 어긋나고 괴상한 말을 짓기를 좋아하는 자들이 반드시 듣는 자의 알지 못하는 바를 빌렸으니 이 중국 땅의 어긋나고 괴상한 선비들은 다만 동방의 삼신산 얘기에 의지해서 시끄럽게 서로들 근거 없는 말을 내서 그 듣는 자를 얼떨떨하게 미혹하는 것이로다.

原文 高麗仁宗九年因妖僧妙淸之說置八聖堂于西京林原宮中淸平爲之說曰第一曰護國白頭嶽太白仙人有大彗大德助主神造大界卽桓雄天王之謂也第二曰龍圍嶽六通尊者有變化萬理之能掌人間禍福第三曰月城嶽天仙掌風雨之神第四曰駒麗平壤仙人掌光明之神第五曰

句麗木覓仙人掌人間壽命之神第六曰松嶽震主有大勇大力掌神兵恒鎭守國都以驅外敵卽古蚩尤氏之神

語譯 고려 인종 9년에 요상한 중 묘청의 말을 통해서 서경 임원궁 안에 팔성당을 설치했으니 청평이 그를 위해서 말하기를, 첫째는 나라를 지키는 저 백두산의 태백신선으로 큰 지혜와 큰 덕을 가지고 있어서 주신을 돕고 큰 세상을 만들었으니 즉 환웅천왕을 말함이요, 둘째는 용위악의 육통존자로 만가지 이치를 변화시키는 능력이 있어서 인간의 화복을 맡았고, 셋째는 월성악의 하늘 신선으로 바람과 비를 맡은 귀신이요, 넷째는 구려(고구려) 평양의 신선 사람으로 빛과 밝음을 맡은 신이고, 다섯째는 구려의 목멱산신선으로서 인간의 목숨을 맡은 신이요, 여섯째는 송악의 진주로서 큰 용맹과 큰 힘이 있어 신병(神兵)을 맡아 항상 나라의 서울을 진압해 지키면서 외적을 몰아냈으니 즉 옛날 치우씨의 신이다.

原文 第七曰甑城嶽神人掌四時穀蔬草木之事卽高矢氏之神第八曰頭嶽天女掌地上善惡卽神市氏之后桓儉神人之母皆在主神調度之下掌治天下諸事之神云云蓋仁宗之於妙淸信惑太甚卒致西京之變使金富軾討平

語譯 일곱째는 증성악의 신인으로서 사시사철의 곡식·채소와 초목의 일을 맡았으니 즉 옛날 고시씨의 신이요, 여덟째는 두악의 하늘 딸로서 땅 위의 선과 악을 맡았으니 즉 신시씨의 아내로서 환검신인의 어머니가 되어, 다 주신이 고르게 잘 헤아리는 아래에서 천하 모든 일을 다스리는 일을 맡은 신이다 라고 했다. 대개 인종은 묘청에게 대해서 믿고 미혹함이 아주 심하여 끝내 묘청은 서경의 변란을 일으켰으니

김부식으로 하여금 쳐서 평정하게 했다.

[原文] 妙淸發身於沙門蠱惑其世主寵傾宗戚權壓內外漸致驕傲敢謀不軌其罪固不可不誅然而當時猶有恨國力之不振憤外侮之荐至探古來之神明於殘散傳說之中欲以激當時之人心其行雖乖其志則猶有可采者矣

[語譯] 묘청은 중에서 몸을 일으켜서 세상 임금들을 고혹(정신을 다 빼앗음)시켰고, 사랑이 임금의 일가 친척들도 기울여뜨리고 권세가 안팎을 눌러서 점점 교만해지고 오만함에 이르러서 감히 정당하지 아니함을 도모하게 됐으니 그 죄가 진실로 가히 죽이지 아니할 수 없었다. 그런데 당시에 오히려 한이 있었으니, 나라의 힘은 떨치지 못했고, 밖에서 오는 업신여김이 거듭됨에 분해서 옛날로부터 내려오는 신명(神明)을, 찌꺼기 흩어져 전해 내려오는 말 가운데에서 캐내어 당시의 인심을 격동시키고자 했으니, 그 행동은 비록 어그러졌다 하더라도 그 뜻인 즉 오히려 가히 캘만한 것이 있었던 것이다.

[原文] 古之說史者只以妖僧荒誕之說唾棄而不采則猶有一分迂疎之責矣八聖之名必表以佛家名字僧侶之筆安得不如斯耶此不可深怪也

[語譯] 옛날에 역사를 설명하는 자들이 다만 요망한 중의 허황된 말로써 침뱉어버리고 캐내지 않았으니 즉 오히려 하나의 어그러지고 성긴 책임이 있는 것이다. 8성이란 이름은 반드시 불가들의 이름자로 나타낸 것이니 승려의 붓이 어찌 능히 이와 같지 아니하겠는가. 이것은 가

히 깊이 괴상한 일이 아닌 것이다.

原文 噫神市立極檀帝垂訓聖化神澤皇皇亮亮足爲萬代之天範而後孫不肖乃致聖謨鴻猷潛消黙失於冥冥之中使堂堂皇謨盡付於空山臥睡之人所傳者只遺怪亂之說不亦悲乎

語譯 슬프다. 신시(환웅천황)가 임금자리에 올랐고 단군 임금께서 가르침을 드리우셔서 성스러운 교화와 신령스런 혜택이 빛나고 빛나고 밝고 밝아서 족히 만대의 하늘에 법이 되었었으나 후손들이 어질지 못해 이에 성스러운 꾀와 큰 계획이 잠겨 사라져 어둡고 어두운 가운데서 잃어버리게 되었고, 당당한 빛나는 계획으로 하여금 다 빈 산에서 드러누워 조는 사람들에게 붙여지고, 전하는 것이 다만 괴상하고 어지러운 말만 남아있으니 또한 슬프지 아니한가?

原文 今崇三神帝釋之風頗盛每人家正寢壁上以檀木爲釘紙囊盛純白米而掛之名曰三神囊或帝釋囊每十月新穀肇成則主婦必淨手換新甑蒸爲餠以賽其神而祝景福此旣出於檀朝之遺制而俗民競以巫覡相尙或至禍福壽夭專托巫覡而云爲之此乃古俗末流之弊也

語譯 지금 삼신 제석을 숭상하는 풍속이 자못 왕성해져서 매 사람의 집의 안방 벽 위에 박달나무로 못을 만들고 종이 주머니에 깨끗한 백미를 가득 담아서 걸어놓고 이름하여 말하기를, 삼신 주머니 혹은 제

석 주머니라고도 하면서 매년 10월에 새 곡식이 이루어지면 즉 주부들이 깨끗한 손으로 새 곡식과 바꾸어 놓고 시루에다 떡을 쪄서 그 신에게 치성을 드려 큰 복을 빌었으니 이것은 이미 단군 조선에서 끼쳐 내려온 제도에서 나와 백성들이 다투어 무당이나 박수를 서로 숭상하고, 혹 화나 복, 오래 살고 일찍 죽는 것을 오로지 그 무당에게 빌고 부탁하는 데까지 이르렀으니 말하건대, 이것을 하는 것은 곧 옛날 풍속 말단 흐름의 폐단인 것이다.

原文 能向燕齊之士而嗤其迂怪也哉悲夫先是夫婁旣平水土而夏禹適治唐堯九年之水*宇內諸國悉會於塗山夫婁亦奉命往會又使神誌氏齎寶玉弓矢以從焉自蚩尤軒轅大戰以後兩國始以玉帛相見可稱東方會盟之始矣

語譯 능히 연, 제의 선비들을 향해서 그 어그러지고 괴상한 것을 비웃을 수 있겠는가. 슬프도다. 이보다 앞서 부루가 이미 물과 땅을 평하게 잘 만들었으니 하나라의 우(禹)가 마침 당요 9년의 물을 다스려서 모든 땅 안의 여러 나라들이 다 도산에 모였었는데, 부루가 또한 명령을 받들어 그 회의에 가서 또 신지가 싸준 보옥과 궁시(弓矢)로 따라 갔으니, 치우씨와 헌원이 크게 싸운 이후에 두 나라가 비로소 옥백(玉帛)을 가지고 서로 만나게 되었으니, 가히 동방사람들이 모여서 맹세하던 최초라고 말하는 것이다.

註 堯九年之水(요구년지수) : 우가 임금이 되기전에 황하를 다스려 9년 치수했다는 것은 바로 단군왕검의 아들 부루가 가서 오행법(물다스리법)을 일러줬기 때문이다.

原文 在位九十餘載天下皞皞然忘其樂焉乃命夫婁攝位曰天道昭昭降在爾心惟秉爾心以親萬民其惟純誠乎乃南至唐莊*入居阿斯達以孟冬月化神朝天在世凡二百十年在君位九十三年

語譯 임금 자리에 있은 지 90여 년 만에 천하가 아주 여유 있고 침착한 듯 그 즐거움도 잊고서, 이에 부루에 명령하여 임금 자리를 대신하게 하고 말하기를, 하늘의 도가 밝고 밝게 내려서 너의 마음에 있게 했으니, 오직 너의 마음을 잘 잡아서 만민을 친히 하고 그 오직 깨끗한 정성으로 할지어다. 이에 남쪽으로 당장평에 이르러서 아사달에 들어가 살고 있다가 겨울 첫째달(10월)에 신으로 화하여 하늘로 올라갔으니 세상에 산 지가 210년이요, 임금 자리에 있은 지 93년이었다.

註 唐莊(당장): 구월산 당장평.

原文 於是夫婁率諸加及諸侯獻祭於朝天處以辛丑歲卽位于平壤是二世檀君*也後有文朴氏居阿斯達韶顏方瞳頗得檀君之道其後如向彌山之永郎及馬韓之神女寶德諸人只得其一班淸淨無爲逍遙塵外又非檀祖用化萬民之大義也

語譯 이 때에 부루가 여러 장관 및 제후들을 거느리고 아버지가 하늘에 올라간 곳에서 제사를 받들어 모시고 신축년에 평양에서 임금 자리에 올라갔으니 이가 바로 2세 단군인 것이다. 그 뒤에 문씨, 박씨라는 사람들이 있어 아사달에 살고 있었는데 아름다운 얼굴과 네모반듯한

눈동자가 자못 단검의 도를 얻은 듯했다. 그 후에 향미산의 영랑 및 마한의 신녀 보덕같은 여러 사람들이 다만 그 하나의 맑고 깨끗함을 얻어서 함이 없이 세상 밖에서 소요했고, 또 단조에서 만민을 교화시키는 큰 뜻으로 쓴 것은 아니었다.

註 1세단군 : 단군왕검.
　2세단군 : 부루단군.

原文 辛丑歲壬儉夫婁元年夫婁旣卽位繼父志而治天下凡三年出巡國中祭天如禮復使諸侯致祭如古居數年有盎肅者無道使仙羅往撫之其後盎肅再叛乃使仙羅會徼侲蓋馬之兵討平之逐其徒於窮北益修德政廣采賢能乃擧息達爲龍加今勿爲馬加增置主財之職曰鳳加使阿密主之

語譯 신축년 임검 부루 원년이다. 부루가 이미 즉위하여 아버지 뜻을 이어 천하를 다스린 지 무릇 3년 만에 나라 가운데를 나가 돌면서 하늘에 제사 지내기를 예(禮)와 같이 했고, 다시 제후들로 하여금 제사를 옛날과 같이 다하게 했으며, 수년을 살매 앙숙이 도가 없어서 선라(仙羅)로 하여금 가서 어루만지게 했다. 그 후 앙숙이 다시 반란을 일으키니 이에 선라로 하여금 숙진개마의 군대를 모아 그를 쳐서 평정하여 그 무리들을 북쪽 끝으로 내쫓았고, 더욱 덕스러운 정치를 닦았으며 널리 어질고 능력있는 사람을 뽑았는데 이에 식달을 등용하여 용가(국무총리)로 삼고 금물로 하여금 마가를 삼았으며 재산을 주관하는 벼슬을 더 설치하여 말하기를 봉가라 했고, 아밀로 하여금 주관하게 했다.

原文 於是浚渠洫開道路興農桑勸牧畜啓學而廣敎民生益殷聲聞大彰令天下以孟冬西成之後居民相聚薦穀而祭天幷祀檀儉在天之神民人咸悅推戴欽慕無異存日初夫妻*踐位之際虞舜以藍國隣接之地爲營州凡數十年夫婁使諸加征其地盡逐其衆是時天下諸侯來朝者數十於是作於阿之樂以諧人神於阿者喜悅之詞也時有神獸出於靑丘白毛九尾銜書作瑞乃賞高矢氏令國中奏樂而致歡又作朝天之舞封仙羅於盍肅之地後數年又封道羅東武以表其功卽後之沃沮沸流卒本朝諸國也在位三十四歲崩壽一百四十六歲子嘉勒立

語譯 이에 큰 도랑을 파내서 도로를 열고 농업을 일으켰으며 목축업을 권장하고 학교를 열어 널리 가르쳤으니 백성들의 생활이 더욱 넉넉해졌고 명성과 소문이 크게 들어났다. 천하에 명령하여 초겨울 10월달로써 가을 곡식을 거둔 후에 백성들이 서로 모여 살게 했고, 곡식을 올려서 하늘에 제사지냈으며 아울러 단검과 하늘에 계신 신에게도 제사지냈으니 백성들이 다 기뻐하여 추대하고 흠모함이 살아 있는 날과 다름이 없었다. 이보다 앞서 부루가 임금 자리에 오를 때에 우순(순임금)이 남국에 인접한 땅으로 영주를 삼아 무릇 수십년 되었는데 부루가 제가로 하여금 그 땅을 정복하여 그 무리를 다 내쫓았으니 이때에 천하 제후들이 와서 임금으로 섬기겠다 하는 자 수십이었다. 이에 어아라는 음악을 지어서 사람과 신이 함께 어울렸으니 어아라는 것은 기쁘고 기쁘다는 말이다. 때에 신령스런 짐승이 청구땅(한반도)에서 나왔으니 흰털에 꼬리가 아홉이었다. 글을 받들어 상서로움을 일으켰으니 이에

고시씨에게 상을 주고, 나라 안에서 음악을 연주하게 하여 기쁨을 다하게 하고 또 조천의 춤도 만들었다. 선라를 앙숙의 땅에다 봉해 주었고 뒤에 수년 있다가 또 돌아와 동무를 봉해 주어 그 공을 표시했으니, 즉 후에 옥저와 비류와 졸본 여러 나라들이다. 재위 34년에 돌아갔으니 나이는 146세였고 아들 가륵이 섰다.

註 夫婁(부루) : 제2세 단군(34년 재위).

語譯 乙亥歲壬儉嘉勒*元年亦有聖德能繼父祖之道又擧九室氏爲龍加益致其隆盛焉時夏王失德其臣有簒逆者乃使息達率藍眞蕃之民以征之於是國威益彰乃行祭天禮遍及于諸神在位五十一歲威德流被于四表國人咸慕其化以乙丑歲崩壽八十四子烏斯立

語譯 을해년 임검 가륵 원년이다. 또한 성스러운 덕이 있어서 능히 아버지 할아버지의 도를 이어 갔었다. 또 구실씨를 등용하여 용가를 삼았고 더욱 그 융성함을 이루었다. 때에 하나라 왕이 덕을 잃었으니 그 신하가 빼앗아 거스르는 자가 있었다. 이에 식달로 하여금 남국과 진번의 백성들을 거느려서 정복했으니, 이에 국가의 위력이 더욱 빛났다. 이에 하늘에 제사를 행했고, 예가 두루두루 모든 신에게 미쳤다. 재위 51년 큰 위엄스런 덕이 사방 끝까지 흘러 입혔으니 나라 사람들이 다 그 교화를 좋아했는데, 을축년에 돌아가니 나이가 84세요, 아들 오사가 섰다.

註 嘉勒(가륵) : 제3세 단군(51년 재위).

原文 丙寅歲壬儉烏斯*元年北巡而得靈草分天下爲二十一州征夏王后相不克後和遣使相通在位四十九歲崩子丘乙立

語譯 병인년 임검 오사 원년이다. 북으로 순방하면서 신령스런 풀을 얻었고, 온 천하를 나누어서 21주로 만들어 하나라 왕, 상이란 사람을 정복했으나 이기지 못하고 후에 화친하여 사신을 보내어 서로 통하게 되었다. 재위 49년에 돌아가니 아들 구을이 섰다.

註 烏斯(오사): 제4세 단군(49년 재위).

原文 乙卯歲壬儉丘乙*元年時夏民有慕化而至者使處於奄慮忽後少康復興夏道久相和好封太白之山使凡民不得恣意侵犯在位三十五歲崩子達門立

語譯 을묘년 임검 구을 원년이다. 때에 하나라 백성들 중에서 우리나라에 동화되기를 좋아하는 자가 있어 이르르면 엄려홀에서 살게끔 했는데, 뒤에 소강이 다시 하나라를 일으켜서 오래도록 서로 화친하고 좋게 지냈다. 태백산을 봉하여 뭇 백성들이 능히 제맘대로 침범하지 못하게 했다. 재위 35년에 돌아가니 아들 달문이 섰다.

註 丘乙(구을): 제5세 단군(35년 재위).

原文 庚寅歲壬儉達門*元年生而有異及長有聖德又得東海人黎老爲龍加德聞益彰國人不知惡不知煩懊聲敎之

漸可謂盛矣乃西撫猰貐北安盎肅南攘夏東至于蒼海而
波息十年在位三十二歲崩子翰栗立

語譯 경인년 임검 달문 원년이다. 태어나면서부터 특이함이 있었고, 자람에 미쳐 성스러운 덕이 있었다. 또 동해사람 여로라는 사람을 얻어서 용가로 삼았으니 덕스러운 소문이 더욱 빛났다. 나라 사람들이 악을 알지 못했고 번거롭고 근심 걱정하는 것을 알지 못했으며 훌륭하다는 가르침의 소문이 점점 퍼져서 가히 왕성하다고 말할 수 있었다. 이에 서쪽으로 알유를 정복했고, 북으로는 앙숙을 편안히 했고 남으로는 하나라를 물리쳤고, 동으로는 푸른 바다에까지 이르렀는데 풍파가 10년 동안 잠잠했었다. 재위 32년만에 돌아가니 아들 한율이 섰다.

註 達門(달문) : 제6세 단군(32년 재위).

原文 壬戌歲壬儉翰栗*元年有阿叱者作亂害民壬儉曰惟罪歸于作犯惟道成于謹修乃益修德政使黎老征之三年而後始禽且當時夏政方殷使藍侯勤修戎事而終世以和在位二十五年崩子于西翰立

語譯 임술년 임검 한율 원년이다. 아질이란 자가 있어서 난리를 일으켜 백성들을 해치니 임검이 말하길, 오직 죄는 죄를 일으킨 자에게 돌리고, 오직 도는 삼가 닦는데서 이루어지는 것이다. 이에 더욱 덕스러운 정치를 닦으면서 여로로 하여금 정복한 지 3년 이후에 비로소 사로잡았다. 또 당시에 하나라 정치는 바야흐로 아주 왕성해졌으니 남후로 하여금 융사(전쟁대비)를 부지런히 닦아서 끝내 세상이 화합하게 되었다. 재위 25년에 돌아가니 아들 우서한이 섰다.

註 翰栗(한율) : 제7세 단군(25년 재위).

原文 丁亥歲壬儉于西翰*元年或曰烏斯含使民九十稅一廣通有無以補不足在位五十七歲崩子阿述立

語譯 정해년 임검 서한의 원년이다. 어떤 사람은 말하기를, 오사함이라고도 한다. 백성들로 하여금 아홉이나 열의 하나를 세금 내게 했고, 널리 있고 없는 것을 통하게 하여 부족한 것을 보충하도록 했다. 재위 57년에 돌아가니 아들 아술이 섰다.

註 于西翰(우서한) : 제8세 단군(57년 재위).

原文 甲申歲壬儉阿述*元年有仁德時民有犯禁者王儉曰糞地雖污乃有降露之時置而不治犯禁者乃化其德在位二十八歲崩子魯乙立

語譯 갑신년 임검 아술 원년이다. 어진 덕이 있어서 그 때의 백성들에게 금하는 것을 범하는 자가 있다면 임검은 말하기를, 땅에 사람의 똥이 있어 비록 더러우나 이에 이슬이 내리는 때가 있어 내버려 두고 다스리지 않아도 그 금하는 것을 범하는 자는 그 덕에 감화가 될 것이다 했다. 재위 28년에 돌아가니 아들 노을이 섰다.

註 阿述(아술) : 제9세 단군(28년 재위).

原文 壬子歲王儉魯乙*元年始作囿養畜外之獸在位二十

三歲崩子道奚立

[語譯] 임자년 임검 노을 원년이다. 처음으로 동물원을 만들어서 집에서 기르는 가축외의 짐승들을 거기서 키웠다. 재위 23년에 돌아가니 아들 도해가 섰다.

[註] 魯乙(노을) : 제10세 단군(23년 재위).

[原文] 乙亥歲壬儉道奚*元年夫餘侯有猰貐之難熊加與句麗眞蕃侯助平之在位三十六歲崩子阿漢立

[語譯] 을해년 왕검 도해 원년이다. 부여 임금이 알유의 난리가 있었으니 웅가가 구려와 진번후와 더불어 도와 그것을 평정했다. 재위 36년에 돌아가니 아들 아한이 섰다.

[註] 道奚(도해) : 제11세 단군(36년 재위).

[原文] 辛亥歲壬儉阿漢*元年在位二十七歲崩子屹達立

[語譯] 신해년 임검 아한 원년이다. 재위 27년에 돌아가니 아들 흘달이 섰다.

[註] 阿漢(아한) : 제12세 단군(27년 재위).

[原文] 戊寅歲壬儉屹達*元年有武勇國人畏愛之得奚門爲龍加夏人來至壬儉優禮之時夏德旣衰使人往觀其政又

送舞樂而試之及後使奚門與藍侯率諸兵進征奄至邠岐*
之間後與夏王和在位四十三歲崩子古弗立

[語譯] 무인년 임검 흘달 원년이라. 무용(씩씩한 용맹)이 있어서 나라 사람들이 그를 두려워하고 사랑했다. 해문이란 사람을 얻어서 용가를 삼았는데 하나라 사람들이 오니 임검이 넉넉하게 예로 대접했다. 그때에 하나라 덕은 이미 쇠약해졌으니 사람으로 하여금 가서 그 정치를 살피게 했고, 또 무악을 보내주어서 그것을 시험하게 했다. 뒤에 미쳐서 해문으로 하여금 남후와 더불어 여러 군대를 거느리고 나아가 엄을 정복하고 빈기 사이에까지 이르렀었다. 뒤에 하왕과 더불어 화해했다. 재위 43년에 돌아가니 아들 고불이 섰다.

[註] 屹達(흘달) : 제13세 단군(43년 재위).
　邠岐(빈기) : 중국 주나라의 조상이 살던 땅.

[原文] 辛酉歲壬儉古弗*元年繼父志而修戎事然而終世無事傲侲侯獻赤玉之瑞在位二十九歲崩子伐音立

[語譯] 신유년 임검 고불 원년이다. 임금은 아버지의 뜻을 이어 무력을 길러서 종세토록 아무런 일이 없었다. 숙진후가 붉은 옥의 상서로움을 바쳤다. 재위 29년에 돌아가니 아들 벌음이 섰다.

[註] 古弗(고불) : 제14세 단군(29년 재위).

[原文] 庚寅歲壬儉伐音*元年種薰華於階下以爲亭使末良爲龍加曰孩提亦歸于寵者保民之道不可暫弛遂廣施德

政於是兆民允懷時夏王遣使請援乃使末良興兵進救後
夏王復請兵壬儉以其無道却而不許及湯王商大修仁政
壬儉曰有德之君也不可相侵乃戰其兵後和使民八十稅
一在位三十三歲崩子尉那立

語譯 경인년 임검 벌음 원년이다. 훈화라는 꽃을 뜰아래에 심어서 정자로 삼았고, 말량이란 사람을 용가로 삼아 말하기를, 어린 아이들도 또한 사랑하는 사람에게로 돌아간다고 했으니, 백성을 보호하는 도는 가히 잠시도 느슨하게 해서는 안된다 하고, 드디어 넓게 덕스러운 정치를 베풀었다, 이에 억조 만백성들이 진실로 마음에 새겼다. 때에 하나라 왕이 사신을 보내 구원을 청하니 이에 말량으로 하여금 군대를 일으켜 나아가 구원해 주었다. 뒤에 하왕이 다시 군대를 청하니 임검이 무도함으로써 물리치고 허락하지 않았다. 탕왕에 미쳐서 상나라는 크게 어진 정치를 닦았으니 임검이 말하기를, 덕이 있는 임금이로다. 가히 서로 침범할 수 없다 하고 이에 군대를 거두었다. 뒤에 화합하고 백성들로 하여금 여덟이나 열의 하나를 세금 내게 했다. 재위 33년에 돌아가니 아들 위나가 섰다.

註 伐音(벌음): 제15세 단군(33년 재위).

原文 癸亥歲壬儉尉那*元年國內靜謐在位十八歲崩子余乙立

語譯 계해년 임검 위나 원년이다. 나라 안이 조용하고 조용했다. 재위 18년에 돌아가니 아들 여을이 섰다.

註 尉那(위나): 제16세 단군(18년 재위).

原文 辛巳歲壬儉余乙*元年有異獸出于太白之陽九尾白毛似狼而不害物是年大會諸侯賞眞番侯在位六十三歲崩子冬奄立

語譯 신사년 임검 여을 원년이다. 이상한 짐승이 있어 태백산 남쪽에서 나오니 꼬리가 아홉이고 털은 하얗고 이리같이 생겼는데 물건을 해치지는 아니했다. 이 해에 크게 제후들을 모아놓고 진번후에게 상을 주었다. 재위 63년에 돌아가니 아들 동엄이 섰다.

註 余乙(여을) : 제17세 단군(63년 재위).

原文 甲申歲壬儉冬奄*元年儵侲侯獻巨獸其大如屋時諸侯有相攻者牛首州復有盎骨者與其第長骨作亂西鄙之民皆被其虐夫餘侯不能安戰乃使熊加充達率師西征濊侯及儵侲侯亦以兵來助盎骨悖惡無倫戕害庶民凡五年而始定充達曰豈有飲全海之水而始覺其醎者耶皇祖肇基今垂七百歲而盎骨之衆恣意橫暴貽毒于黎民此聖道之攸衰也君其修德乎冬奄乃大修先君之德使充達往撫西鄙之民居數年民有擢髮捆屨以報其德者在位二十歲崩子緱牟蘇立

語譯 갑신년 임검 동엄 원년이다. 숙진후가 큰 짐승을 바쳤으니 그 크기가 집채만 했다. 때에 제후가 서로 공격하는자가 있었는데 우수 고을에 다시 앙골이란 자가 있어 그 아우 장골과 더불어 난리를 일으켰

으니 서쪽 변두리의 백성들이 다 학대를 입었다. 부여후가 능히 편안할 수가 없었고 이에 웅가 충달로 하여금 군대를 거느리고 서쪽을 정벌하게 했으니, 예후와 숙진후가 또한 군대로써 와서 도왔으니 앙골이 어그러뜨린 악에 사람의 도리를 모르고 서민들을 해침이 무릇 5년만에 비로소 안정되었다. 충달이 말하기를, 어찌 모든 바닷물을 마셔야만 비로소 그 짠 것을 깨달을 수 있겠느냐? 빛나는 할아버지께서 나라를 세우심이 지금 드리워 700세가 되었으니, 앙골의 무리들이 제멋대로 횡포하여 독을 우리 백성들에게 끼쳐주고 있도다. 이는 성도가 쇠하는 바이니 임금이 그 덕을 닦을 수가 있겠는가? 동엄이 이에 크게 옛 임금들의 덕을 닦았고, 충달로 하여금 가서 서비의 백성들을 어루만지게 했으니, 거기 산 지 여러 해 만에 백성들은 그 덕을 갚음에 머리를 뽑아 신발을 짬이 있었다. 재위 29년에 돌아가니 아들 구모소가 섰다.

註 冬奄(동음) : 제18세 단군(20년 재위).

原文 甲辰歲壬儉縗牟蘇*元年南巡至樂浪忽修城郭孟冬月青丘民群聚舞天散而爲獵有人至山陂爲大蛇所卷青丘侯使縗强搜捕曰蛇大如何縗强曰穴中藏蛇安知其修短耶今孟冬而蛇出卷人爲災非常只可搜斬以除民害乃使猛士毀陂而求之蛇大如樑以巨斧破其頭殺之蛇害遂絶重賞縗强在位二十五歲崩子固忽立

語譯 갑진년은 임검 구모소 원년이다. 남쪽으로 순행하면서 낙랑홀 땅에 이르러서 성곽을 수리했고 10월달에 청구의 백성들이 무리로 모여서 무천하다가 흩어져서 사냥을 했는데 사람이 있어 산 언덕에 이르러서 큰 뱀에 말린 바 되어 청구후가 구강이란 사람을 시켜서 더듬어

잡게 하여 말하기를, 뱀의 크기가 어떠하던가? 하니 구강이 말하기를, 굴 가운데 숨어있는 뱀을 어찌 길고 짧음을 알겠습니까? 지금 10월달(초겨울달)에 뱀이 나와 사람을 말아 가지고 재앙이 되었으니, 보통 일이 아니니 다만 가히 더듬어 찾아 잘라서 백성의 해를 제거하도록 하라 하여 이에 용맹스런 선비로 하여금 그 언덕을 파헤쳐 그것을 찾으니 뱀의 크기가 대들보만 했다. 큰 도끼로써 그 머리를 깨뜨려 죽여 버렸으니 뱀의 해가 드디어 끊어져 구강에게 상을 무겁게 주었다. 재위 25년에 돌아가니 아들 고홀이 섰다.

註 緱牟蘇(구모소) : 제19세 단군(25년 재위).

原文 己巳歲壬儉固忽*元年儆侲侯獻貂裘使藏之而待有功者在位十一歲而崩子蘇台立

語譯 기사년은 임검 고홀 원년이다. 숙신후가 단비 갖옷(두루마기 외투)을 바치고 하여금 그것을 보관해 두게 하고, 공이 있는 자를 기다렸다. 재위 11년에 돌아가니 아들 소태가 섰다.

註 固忽(고홀) : 제20세 단군(11년 재위).

原文 庚辰歲壬儉蘇台*元年西巡諸地觀藍侯之政尋陣兵于商地在位三十三歲崩子索弗婁立

語譯 경진년은 임검 소태 원년이다. 서쪽으로 여러 땅을 순행하여 남후의 정치를 관찰하고 상나라 땅에서는 진을 친 군대를 찾아보았다. 재위 33년에 돌아가니 아들 색불루가 섰다.

註 蘇台(소태) : 제21세 단군(33년 재위).

原文 癸丑歲壬儉索弗婁*元年與商戰破之尋和後復大戰破之進入其境遂屯海上庶民復漸遷徙在位十七歲崩子阿勿立

語譯 계축년은 임검 색불루 원년이다. 상나라와 더불어 싸워서 그것을 깨뜨리고 얼마 후 화해하고 후에 다시 크게 싸워서 또 깨뜨리고 군대를 그 국경 안에 진격시켜서 드디어 바다 위에 주둔하게 했었으니 서민들이 점점 옮겨가 살았다. 재위 17년에 돌아가니 아들 아물이 섰다.

註 索弗婁(색불루) : 제22세 단군(17년 재위).

原文 庚午歲壬儉阿勿*元年令弟固弗加治樂浪忽遣熊加乙孫觀南征之兵立邑商地後商人互爭不和乃進兵攻之尋罷蓋馬侯獻九尾獸在位十九歲崩子延那立

語譯 경오년 임검 아물 원년이다. 동생 고불가에게 명령하려 낙랑홀을 다스리게 하고 웅가 을손을 보내서 남쪽으로 정벌하는 군대를 관찰하여 상나라 땅에 도읍을 세웠다. 후에 상나라 사람들이 서로 다투고 화합하지 아니하니 이에 군대를 진격시켜 얼마 있다 파했다. 개마후가 꼬리가 아홉 달린 짐승을 바쳤다. 재위 19년에 돌아가니 아들 연나가 섰다.

註 阿勿(아물) : 제23세 단군(19년 재위).

原文 己丑歲壬儉延那*元年叔父固弗加攝政翌年商人攻我師至南界藍侯率諸軍戰克後互相戰和國內增設壇所使諸侯承命禱天凡國中大事及風雨災異有求則祈于主神以遍于諸神也有大蛇現傲侲之地靑質黃頭能呑大鹿民有趨拜者乃使巨屈支斷戮之在位十三歲崩弟率那立

語譯 기축년은 임검 연나 원년이다. 숙부 고불가가 섭정을 했다. 익년 상나라 사람들이 우리를 공격하여 군대가 남쪽 경계까지 이르르니 남후가 여러 군대를 거느리고 싸워 이겼다. 뒤에 서로 싸우다가 화해했다. 나라 안에 단소를 증설하여 제후들로 하여금 명을 받들어 하늘에 기도드리도록 했다. 무릇 나라 가운데 큰 일과, 바람과 비, 재앙과 이상한 일이 생길 때에 구함이 있을 때면 주관하는 신에게 기도를 드리고 모든 신에게 두루 제사지냈다. 큰 뱀이 있어 숙진후 땅에 나타나니 파란 바탕에 누런 머리로 능히 큰 사슴을 삼켜 버렸다. 백성들이 달려가서 절하는 자가 있었으니 이에 거굴지로 하여금 잘라서 잡아 죽이게 했다. 재위 13년에 돌아가니 동생 솔나가 섰다.

註 延那(연나): 제24세 단군(13년 재위).

原文 壬寅歲壬儉率那*元年出巡北鄙見小民艱苦爲生歎曰蝸牛有室蜂蠆*有餌安使我民有或流離耶乃勸民貿遷以廣其用於是南北之民舟車相通在位十六歲崩子鄒盧立

語譯 임인년은 임검 솔나의 원년이다. 나가서 북쪽마을을 돌면서 작

은 백성들이 어렵고 고통스러움으로 생활하는 것을 보고 탄식해 말하기를, 달팽이도 집이 있고 벌들도 먹을 것이 있는데 어찌 우리 백성들로 하여금 혹 흘러 떠돌아다니게 하겠느냐? 이에 백성들을 권하여 서로 물건을 바꾸고 옮겨서 그 쓰임을 넓게 만들었다. 이에 남북의 백성들이 배와 수레로 서로 통하게 되었다. 재위 16년에 돌아가니 아들 추로가 섰다.

註 率那(솔나) : 제25세 단군(16년 재위).
蜂蠆(봉채) : 벌과 전갈. 작지만 무서운것의 비유로 쓰임.

原文 戊午歲壬儉鄒盧*元年在位九歲崩子豆密立

語譯 무오년은 임검 추로 원년이다. 재위 9년에 돌아가니 아들 두밀이 섰다.

註 鄒盧(추로) : 제26세 단군(9년 재위).

原文 丁卯歲壬儉豆密*元年使人記桓儉以來列聖之詞掛於宮門內側使出入朝覲者閱之遣兵伐商儵振侯多忽遣兵入東海伐鬼洲平其地在位四十五歲崩子奚牟立

語譯 정묘년은 임검 두밀 원년이다. 사람으로 하여금 환검이래로 모든 임금들의 말씀을 기록하여 궁문 안쪽에다 걸어 놓게 하고, 사람들로 하여금 출입하면서, 조회하러 찾아오는 자로 하여금 그것을 보게 했다. 군대를 보내서 상나라를 치고 숙진후 다홀이 군대를 보내 동해로 들어가서 귀주를 쳐서 그 땅을 평정시켰다. 재위 45년에 돌아가니 아들 해모가 섰다.

註 豆密(두밀) : 제27세 단군(45년 재위).

原文 壬子歲壬儉奚牟*元年使籃侯與沸流侯靑丘侯共聚疏泥水壬儉有疾使人白衣禱天尋愈卒本侯獻靈草能除人萬病在位二十二歲崩子摩休立

語譯 임자년은 임검 해모 원년이다. 남후로 하여금 비류후와 청구후와 더불어 함께 모여 소수로 나가게 했는데 임검이 병이 있어서 사람으로 하여금 흰옷으로 하늘에 빌게 했으니, 얼마 있다가 나았다. 졸본후가 신령스러운 풀을 바쳤으니 능히 사람의 만가지 병을 제거했다. 재위 22년에 돌아가니 아들 마휴가 섰다.

註 奚牟(해모) : 제28세 단군(22년 재위).

原文 甲戌歲壬儉摩休*元年商人來朝靑丘侯報南夷海中出泥山火出水中泥合爲石*在位九歲崩第奈休立

語譯 갑술년은 임검 마휴 원년이다. 상나라 사람이 와서 조회했다. 청구후가 보고하기를 남이의 바다 가운데 진흙 산이 나와 불이 물 가운데에서 나오더니 그 진흙이 합하여 돌이 되었습니다 라고 보고했다. 재위 9년에 돌아가니 동생 나휴가 섰다.

註 摩休(마휴) : 제29세 단군(9년 재위).
　　出泥山火出水中泥合爲石 : 제주도 화산 폭발에 대한 이야기.

原文 癸未歲壬儉奈休*元年句麗侯于它入爲龍加壬儉南

巡而觀靑丘之政至阿斯達復西巡而至奄盧忽大會諸侯
尋還與殷人和在位五十三歲崩子登屼立

語譯 계미년은 임검 나휴 원년이다. 구려후 우타가 들어와서 용가(국무총리)가 되었다. 임검이 남순하여 청구의 정치를 살펴보고 아사달에 이르러 다시 서쪽으로 돌아서 엄려홀에 이르러서 크게 제후들을 모아 놓고 얼마있다 돌아왔고, 은나라 사람과 더불어 화해하고 지냈다. 재위 53년에 돌아가니 아들 등올이 섰다

註 奈休(나휴) : 제30세 단군(53년 재위).

原文 丙子歲壬儉登屼*元年在位六歲崩子鄒密立

語譯 병자년은 임검 등올 원년이다. 재위 6년에 돌아가니 아들 추밀이 섰다.

註 登屼(등올) : 제31세 단군(6년 재위).

原文 壬午歲壬儉鄒密*元年濊侯知莫婁入爲龍加壬儉出巡至牛首忽會諸侯遂崩于其地在位八歲子甘勿立

語譯 임오년은 임검 추밀 원년이다. 예후 지막루가 들어와 용가가 되었다. 임검이 나가 순행할 때에 우수홀에 이르러서 여러 제후들을 모아 놓았는데 드디어 그 땅에서 돌아갔다. 재위 8년이었다. 아들 감물이 섰다.

註 鄒密(추밀) : 제32세 단군(8년 재위).

原文 庚寅歲壬儉甘勿*元年在位九歲崩子奧婁門立

語譯 경인년은 임검 감물 원년이다. 재위 9년에 돌아가니 아들 오루문이 섰다.

註 甘勿(감물): 제33세 단군(9년 재위).

原文 己亥歲壬儉奧婁門*元年遷都樂浪忽使眞番侯監舊都民有取人物者鷹加治之曰小蛇能濁全海之水今不敎斯人世德以衰國其亂乎壬儉聞之曰民之行如水就于決且源淸而下流自淸此吾凉德所致也吾皇祖肇基已千載國無大難民無大憨今有此犯吾恐先祖之業因我而廢乃大修先君之德於是犯者以化民無染惡者在位二十歲崩子沙伐立

語譯 을해년은 임검 오루문 원년이다. 도읍을 낙랑홀로 옮겼고 진번후로 하여금 그 옛 도읍의 백성들을 감독하게 했다. 남의 물건을 취한 자가 있어서 응가가 그것을 다스리고 말하기를, 조그만 뱀이 능히 온 바다의 물을 흐리게 할 수 있으니 지금 이 사람들을 가르치지 아니한다면 세상의 덕이 쇠약해져서 나라가 더 어지러워질 것이로다. 하니 임검이 그 말을 듣고 말하기를, 백성의 행동은 물이 트는 데로 나아가는 것과 같아서 또한 근원이 맑으면 아래의 흐름은 맑아지는 것인데, 이것은 내 덕이 적은 데에서 온 것이로다. 내 빛나는 할아버지가 터를 일으키신 지 이미 천년으로서 나라에 큰 어려움이 없었고, 백성도 큰 원망이 없었는데 지금 이 범죄자가 생겼으니 내 두렵건 데 선조의 업

이 나로 말미암아 망가질 것 같다 하고 이에 크게 조상 임금들의 덕을 닦았으니 이 때에 범한 자들은 점점 동화가 되었고, 백성들도 나쁜데 물들음이 없어졌다. 재위 20년에 돌아가니 아들 사벌이 섰다.

註 奧婁門(오루문) : 제34세 단군(20년 재위).

原文 己未歲壬儉沙伐*元年在位十一歲崩子買勒立

語譯 기미년은 임검 사벌 원년이다. 재위 11년에 돌아가니 아들 매륵이 섰다.

註 沙伐(사벌) : 제35세 단군(11년 재위).

原文 庚午歲壬儉買勒*元年在位十八歲崩子麻勿立

語譯 경오년은 임검 매륵 원년이다. 재위 18년에 돌아가니 아들 마물이 섰다.

註 買勒(매륵) : 제36세 단군(18년 재위).

原文 戊子歲壬儉麻勿*元年眞番侯鄒咄入爲龍加南巡至唐莊京遂崩于阿斯達在位八歲眞番侯立壬儉弟多勿

語譯 무자년은 임검 마물 원년이다. 진번후 추돌이 들어가서 용가가 되었다. 남쪽으로 순행하여 당장경에 이르렀다가 드디어 아사달(구월산)에서 돌아갔다. 재위 8년이요 진번후가 임검의 동생 다물을 세웠다.

註 麻勿(마물) : 제37세 단군(8년 재위).

原文 丙申歲壬儉多勿*元年獩貐復侵西鄙眞番侯與濊侯夫餘侯擊却之進入其境而還在位十九歲崩子豆忽立

語譯 병신년은 임검 다물 원년이다. 알유가 다시 서쪽마을을 침범하여 진번후가 예후와 부여후로 더불어 쳐서 물리쳤고, 진격하여 그 지경까지 들어갔다가 돌아왔다. 재위 19년에 돌아가 아들 두홀이 섰다.

註 多勿(다물): 제38세 단군(19년 재위).

原文 乙卯歲壬儉豆忽*元年沸流侯獻大鼈長丈餘肅愼侯爲龍加初屹達之世東人之進據邠岐者甚衆乃商湯之興而遂漸撤退然細民以耕桑爲業者猶散處其地久不失其俗至是藍侯頗强稍後率諸侯逐孤竹君南遷其都居奄瀆忽與殷逼近使黎巴達將兵進至邠岐之間與其遺民相結立國曰黎治黎忽遂與殷家諸侯及西戎之人相雜處於是藍侯之威漸盛而壬儉之命亦及乎恒山以南之地矣在位二十八歲崩子達音立

語譯 을묘년은 임검 두홀 원년이다. 비류후가 큰 자라를 바쳤는데 길이가 한 길이 넘었다. 숙진후가 용가가 되었다. 처음에 흘달 임금 때에 동쪽 사람들이 나아가서 빈기 땅까지 웅거하고 사는 사람이 심히 많았는데 상나라 탕왕이 일어남에 미쳐서 드디어 점점 철수하여 물러 났다. 그러나 일반 백성들이 농사짓고 길쌈 짬으로 업을 삼는자가 오히려 그 땅에 흩어져 살고 있었다. 오래도록 그 풍속을 잃지 않고 있었는데 이 때에 이르러서 남후가 자못 차츰차츰 강해지더니 뒤에 제후들을

거느리고 드디어 고죽군을 물리치고 남으로 그 도읍을 옮겨서 엄독홀에 살고 있었는데 은나라와 더불어 아주 가까워 여파달로 하여금 군대를 거느리고 나아가 빈기 땅의 사이에 이르르게 하여 그 남은 백성들과 더불어 서로 맺어서 나라를 세웠으니 말하기를, '여'라는 나라였다. 여홀을 다스리면서 드디어 은나라 집의 여러 제후들 및 서융 사람들과 더불어 서로 섞여 살게 되었다. 이때에 남후의 위력이 점점 왕성해져서 임검의 명이 또한 항산 이남의 땅에까지 미쳤다. 재위 28년에 돌아가니 아들 달음이 섰다.

註 豆忽(두홀) : 제39세 단군(28년 재위).

原文 癸未歲壬儉達音*元年娶靑丘侯之女阿施氏爲后賢而有德國人慕之蓋馬侯獻靈草昔夫餘民有遁居于猰㺄之地遂與其民雜處頗習其俗殆無恒業以狩獵爲生獸皮爲服人謂之貊後漸遷徙處於奄慮北西之地遂爲籃氏之民在位十四歲崩子音次立

語譯 계미년은 임검 달음 원년이다. 청구후의 딸 아시씨에 장가들어서 아내를 삼았는데 어질면서 덕이 있어서 나라 사람들이 그를 사모했다. 개마후가 신령스런 풀을 바쳤다. 옛날에 부여 백성들 중에 알유의 땅에 도망가 사는 사람이 있었더니 드디어 그 백성들과 더불어 섞여 살면서 자못 그 풍속을 익혀서 거의 일정한 직업이 없었고, 수렵으로써 생활을 삼았으며 짐승 가죽으로 옷을 만들어 입었으니 사람들이 이를 일러 맥족이라 했다. 후에 점점 옮기고 옮겨서 엄려홀 북서의 땅에까지 살면서 드디어 남씨의 백성이 되었다. 재위 14년에 돌아가 아들 음차가 섰다.

註 達音(달음): 제40세 단군(14년 재위).

原文 丁酉歲壬儉音次*元年先是王室頗微諸侯漸強及音次卽位有仁德國人咸慕於是王道復興而諸侯相率來朝在位十九年崩子乙于支立

語譯 정유년은 임검 음차 원년이다. 이보다 앞서 왕실은 자못 작아졌고 제후들은 점점 강해지더니 음차가 즉위함에 미쳐서 인덕이 있어서 나라 사람들이 다들 흠모했다. 이에 왕도가 다시 일어나서 제후들이 서로 거느려 와서 조회하게 되었다. 재위 19년에 돌아가 아들 을우지가 섰다.

註 音次(음차): 제41세 단군(19년 재위).

原文 丙辰歲壬儉乙于支*元年在位九歲崩子勿理立

語譯 병진년은 임검 을우지 원년이다. 재위 9년에 돌아가니 아들 물리가 섰다.

註 乙于支(을우지): 제42세 단군(9년 재위).

原文 乙丑歲壬儉勿理*元年仁而好勇時諸侯已強而猶尊壬儉時常朝覲藍侯儉達與靑丘侯句麗侯獩侲侯率兵伐殷遂深入其地淮垈之間莫不響應諸侯乃定淮垈之地乃立薄姑氏於靑州之地曰奄國盈古氏於淮北徐州之地曰

徐國互相聯盟而援結殷人莫敢當者盖海岱江淮之地爲東人占居者已久及至殷道之衰而藍侯與諸侯進攻於是濱海之民皆以其州欣迎其師也自蚩尤氏撤退以後復見斯時之盛矣雖然諸侯亦稍輕王室雖外修其職不甚崇戴焉在位十五歲崩子丘忽立

語譯 을축년은 임검 물리 원년이다. 어질면서 용맹을 좋아했으니, 때에 제후들이 이미 강했으나 오히려 임금을 존경했고 때로 항상 와서 조회하며 인사를 했다. 남후 검달이 청구후와 구려후와 숙진후로 더불어 군대를 거느리고 은을 쳤고, 드디어 깊이 그 땅에 들어가니, 회수 태산사이가 그 소리를 듣고 응하지 아니함이 없었다. 제후가 이에 회대의 땅을 평정했고 이에 박고씨를 청주의 땅에 세워서 엄국이라 말했고, 영고씨를 회수의 북쪽 서주의 땅에 세워서 서국이라 말했다. 서로서로 연맹을 하여서 구원하여 단결하여 은나라 사람들이 감히 당할 수가 없었다. 대개 회수와 태산과, 양자강과 회수의 땅은 우리나라 사람이 점령해 살게 됨이 이미 오래 되었는데 은나라 도가 쇠약해짐에 이르러 남후가 제후와 더불어 진격해 공격하니 이에 바닷가의 백성들이 다 그 고을로써 기쁘게 그 군사들을 환영해 맞이했다. 치우씨가 철수해 물러난 이후로부터 다시 이때의 왕성함을 보게 된 것이다. 비록 그러나 제후들이 또한 차츰차츰 왕실을 가볍게 여기고, 비록 밖으로 그 일을 닦긴 했으나 심히 높여 떠받들지는 못했다. 재위 15년에 돌아가니 아들 구홀이 섰다.

註 勿理(물리) : 제43세 단군(15년 재위).

原文 庚辰歲壬儉丘忽*元年盖馬侯買屼入爲龍加在位七

歲崩子余婁立

[語譯] 경진년은 임검 구홀 원년이다. 개마후 매올이 들어가 용가가 되었다. 재위 7년에 돌아가 아들 여루가 섰다.

[註] 丘忽(구홀): 제44세 단군(7년 재위).

[原文] 丁亥歲壬儉余婁*元年肅慎侯移治達婁忽藍侯立鮮牟國於殷淮南之地在位五歲崩子普乙立

[語譯] 정해년은 임검 여루 원년이다. 숙진후가 옮겨서 달루홀을 다스렸고, 남후가 선모국을 은나라 회남의 땅에 세웠다. 재위 5년에 돌아가 아들 보을이 섰다.

[註] 余婁(여루): 제45세 단군(5년 재위).

[原文] 壬辰歲壬儉普乙*元年藍侯遂總帥諸侯朝覲者遂稀在位十一歲崩子古列加立

[語譯] 임진년은 임검 보을 원년이다. 남후가 드디어 제후들의 총수가 되니 임금을 찾아 뵙던 자들이 드디어 드물어졌다. 재위 11년에 돌아가 아들 고열가가 섰다.

[註] 普乙(보을): 제46세 단군(11년 재위).

[原文] 癸卯歲壬儉古列加*元年壬儉初立而國用不敷鳳加收畿內之貢僅得充用民亦有輸穀助用者壬儉與諸加謀

曰昔我皇祖肇基立業爲萬世後孫之範今王室衰微諸家
侵疆方外諸侯殆無奉命者雖圻內之民懷列聖之化猶表
忠虔惟予涼德不可以致化立威欲讓於有德則遍觀聖裔
又無其人予欲避居於唐莊京入阿斯達以安奉先聖之神
靈諸加悽愴而從之壬儉乃奉祭器遜居于唐莊京遂宅于
阿斯達圻內民從來者甚衆皆宅于唐莊京於是國遂除在
位三十歲自檀儉神人開創鴻業四十七世一千一百九十
五年*

語譯 계묘년은 임검 고열가 원년이다. 임검이 처음 섰을 때에 나라에 쓸 것이 베풀어지지 못해서 봉가(재무부장관)가 기내에서 바치는 것을 전부 거두어서 겨우 능히 쓰는 데에 충당했었고, 백성들이 또한 날라 다주는 곡식이 있어서 쓰는 것을 도왔다. 임검이 여러 장관들과 더불어 의논해 말하기를, 옛날에 우리 빛나는 할아버지가 나라의 터를 처음 닦아 세상을 다스려 세워서 만세 후손들의 법이 되었더니 지금 왕실이 쇠약해지고 작아졌는데, 모든 제후들은 차츰차츰 강해 졌으니 바야흐로 바깥 여러 제후들이 거의 내 명령 받드는 자들이 없어졌다. 비록 기내의 백성들이 열성의 교화를 품고서 오히려 충성과 경건함을 표시하고 있는데 오직 내 덕이 변변치 못해서 가히 써 교화를 이루고 위엄을 세울 수가 없게 되었으니, 덕 있는 사람에게 양보하고자 하여 즉 두루 성스러운 후예들을 살피고 있으나 또 그 사람이 없어 내가 할 수 없이 당장경으로 피해 살고자 하여 아사달로 들어가 편안히 옛날 성스러운 우리 조상 신령이나 받들어 모시고자 한다. 하니 여러 장관들은 슬프고 슬퍼하면서 그 말씀을 따랐으니 임검이 이에 제기를 받들고서 당장경으로 숨어 들어갔고 드디어 아사달에 집을 지으니 기내의 백성

들이 따라온 자가 심히 많았는데 다 당장경에다 집을 지었다. 이에 나
라가 드디어 없어졌으니 재위 30년이요 단검 신인으로부터 나라를 처
음 열어 다스리는 업을 연 지 47세를 지났고 1195년을 지났다.

註 古列加(고열가) : 제47세 단군(30년 재위).
一千一百九十五年(1195년) : 원문에 단군 조선의 지나 내려온 해가
1195년간이라고 되어 있으나 번역하여 계산해보니 역대 재위
기간이 1205년이 된다.

原文 檀君旣徙居阿斯達而國人猶推尊之諸侯亦無敢逼
者或曰朴氏白氏皆其後裔而赫居世亦出於檀君之後云
今文獻無徵未知其確矣自後諸侯頗以武力相競獨藍侯
者出諸家之右時常役率群后以行國政是爲列國*焉

語譯 단군 고열가 임금이 이미 아사달로 옮겨가 살고 있었으니 나라
사람들이 오히려 그를 미루어 추켜 올려 세웠고 제후들이 또한 감히
핍박하지 못했다. 어떤 사람은 말하기를, 박씨와 백씨를 다 그 후손이
라 하는데 혁거세 또한 단군의 후손에서 나왔다고 말한다. 지금 문헌
이 증명할 수가 없으니 그 확실한 것은 알 수가 없다. 이로부터 제후들
이 자못 무력을 가지고 서로 다툼에 다만 남후 임금만이 여러 제후의
오른쪽(제일 강한 곳)에 나와서 때에 여러 임금들을 거느려 부리면서
나라 국정을 행했으니, 이것이 열국시대가 된 것이다.

註 列國(열국) : 여러 나라. 인접한 나라. 이웃 나라.

漫說 만설

原文 天其運乎地其處乎日月其爭於所乎孰主張是孰維綱是孰居天地之內恒推以行是意者其有機氣之不得已耶其運轉而不能自止耶觀夫大界列宿迢迢燦爛明朗其光自何其大幾何觀

語譯 하늘이 그 움직이는 것인가? 땅은 그 가만히 있는 것인가? 해와 달이 그 곳에서 다투는가? 누가 이것을 주장하는 것이며, 누가 이것을 얽어 매며 이끌어 가는 것인가? 누가 천지 안에서 살고 있어서 항상 이를 미루어 행하게 하는 것인가? 뜻하건대 그 기미와 기운의 부득이함이 있는가? 그 운전하는 것으로서 능히 스스로 그치게 할 수는 없는가? 대체로 큰 우주에 벌려 있는 별을 보건대 밝디 밝고, 찬란하디 찬란하고, 밝고 명랑한데 그 빛이 도대체 어디로부터 오는 것이며 그 크기는 얼마나 되는가?

原文 乎千仞之岡而行人如豆望乎百里之海而歸帆似葉仰乎九萬里之遙而星辰如燭其大幾何其光何幾況地天之隔非但九萬里者耶人行于市而肩尻摩車轉于通衢則其轂搏星辰麗于穹蒼則昭昭耿耿齊齊整整井然有序罔或有侵孰引是孰主張是

語譯 천길 높은 멧부리 위에서 내려다 보면 길거리 지나가는 사람은 콩알 만하고, 백리의 바다를 멀리 바라보면 돌아가는 돛대는 나뭇잎

하나 같으며, 구만 리의 먼데서 우러러 보면 별과 별이 촛불 같으니 그 크기가 얼마이며 그 빛은 도대체 얼마인가? 하물며 땅과 하늘의 사이가 벌려짐이 다만 구만 리 뿐만이 아닌가? 사람이 시장에 걸어가면서 어깨와 꽁무니가 마주치고, 수레가 통한 저 길거리를 굴러갈 때에는 그 바퀴가 서로 부딪히고, 별과 별자리가 저 둥근 하늘에 걸려 있으면 밝고 밝고, 빛나디 빛나고, 가지런하고 가지런하고, 정돈되고 정돈되어서 질서정연하게 차례가 있는 것 같고, 혹은 침범하는 것은 없으니 누가 저것을 이끌고 누가 이것을 주장하고 있는가?

原文 日遠於星月近於星耶抑亦星居乎最遠耶日月之大較於列宿何如洪爐之火隔丈而燎之則不過微溫滿車之氷距尋而當之則只感微凉日月之氣來自九萬里而凉熱逼人其熱幾何其寒凡幾

語譯 해는 별보다 멀며 달은 별보다 가까우냐? 그렇지 않으면 또한 별이 가장 멀리 있는가? 해와 달의 크기가 벌려 있는 별과 비교하면 어떠한가? 넓은 화로의 불이 한 길 떨어져 불타고 있다면 즉 조그마한 따뜻함에 지나지 않고, 수레에 가득한 얼음이 한 길의 거리에서 갖다 대면 다만 느끼는 것은 서늘한 정도밖에 안되는데 해와 달의 기운이 오는 것이 구만리로부터 친다 하더라도 서늘함과 더움이 사람을 겁을 주니 그 뜨거움은 얼마이며 그 차가운 기운은 도대체 얼마인가?

原文 且夫山岳之莊雄河海之汪洋萬象森列兆物備載岳頂一卷之石谷底一莖之草自得其所互誇厥美糞堆蠢蠕之蟲長渚飄泊之藻各安其所互弄厥質孰撐是而不崩孰

護是而不決孰守是孰掩庇是意者宇宙之內蒼茫之外別有眞神之主宰歟

語譯 대체로 산악의 웅장함과, 바다와 강물의 넓게 파도치는 것과, 만가지 물건들이 죽 벌려 있는 것들 억조 만물이 다 거기에 갖춰 있도다. 멧부리 꼭대기의 한 주먹의 돌과 골짜기 밑의 한 포기의 풀이 스스로 제자리를 얻어 서로 그 아름다움을 자랑하며 똥 덩어리를 굴리며 꿈틀거리는 벌레들과 긴 늪에 흐느적거리는 마름 풀도 각각 제자리에서 편안하여 서로 그 바탕을 자랑하고 있으니 누가 이것을 잡아 가지고 무너지지 않게 하고 있으며, 누가 저것을 보호하며 결단내지(깨어지지) 못하게 하고 있으며, 누가 이것을 지키고 누가 이런 것을 가리고 덮겠는가? 생각컨대 우주의 안과 이 아득한 저 밖에 별 따로 진짜 신이 이것을 주재하고 있는가?

原文 東人則曰桓因主神漢土之人則曰上帝西域之人則曰佛陀大秦之人則曰天主皆以主宇宙統萬象爲言其造物者之爲性也隨民而各異耶同體而異用耶抑同一而異觀耶同一之元首而我曰王儉漢曰帝王倭曰命或尊諸民之名造翁也亦若是而已耶

語譯 동쪽 사람들은 말하기를, 환인주신이라 말하고, 중국 땅 사람들은 상제라 말하고, 서역(인도)인들은 불타라 말하고, 대진(로마)인들은 천주라 말하여 다 우주를 주관하고 만상을 거느리는 것으로 말들을 하고 있으니, 그 조물주가 성품으로 삼은 것이 백성에 따라서 각각 다른 것인가? 몸은 같은데 쓰임이 다른 것인가? 그렇지 않으면 같은 것인데 보이기만 다른 것인가? 똑같은 하나의 원수를 우리는 임검이라 말하

고, 중국은 제왕, 왜는 명 혹은 존이라 말하니 여러 민족들의 조물주라 이름하는 것이 또한 이와 같을 뿐인 것인가?

原文 飛螢有光朽木放氣柿梨之木能接枝而致盛鳧鷄之屬能抱卵而孳育是體質之外別有精力耶物物之精力能相交而致生耶宇宙之內蒼茫之外別有精靈貫流周包推運其體質耶

語譯 날아다니는 반디에는 빛이 있고, 썩은 나무는 기운을 내며, 감과 배나무는 능히 가지를 접목시켜서 더 왕성함을 이루며, 오리나 닭의 족속들은 능히 알을 품고 새끼를 낳아 기르니, 이 몸뚱이 바탕밖에 따로 알찬 힘이 있는 것인가? 물건 물건마다 알찬 힘이 능히 서로 사귀어 생명을 이루는 것인가? 우주의 안과 저 푸른 아득한 밖에 따로 알찬 신령이 있어서 꿰뚫어 흘러 둘려 감싸고 미루어 그 몸과 바탕을 움직이는 것인가?

原文 漢人之說盤古三皇之開闢創始者實耶東人之言三神之肇判開創者眞耶余不敢校其善否宇宙之內蒼茫之外別有一大精靈維網是主張是能推運而經營之則信矣

語譯 중국인의 말에 반고와 삼황이 처음에 나라를 개벽했고, 처음 나라를 시작했다는 것이 사실이냐? 우리 동쪽 사람들의 말에 삼신이 처음에 나와 음과 양(하늘과 땅)을 열었다는 것이 진실인가? 내 감히 좋으냐 아니냐를 비교할 수가 없으나, 우주의 안과 푸르고 아득한 저 밖에 다른 한 큰 알찬 신령이 있어서 얽어매고 얽어매서 만든 것이고, 이

것을 주장하고 있어서 능히 미루어 움직이면서 경영한다는 것인 즉 믿을 만하도다.

原文 人生則體溫而動靈能慧明人死則軀殼厥冷骨肉梗固腐爛而散滅不數年而膚肉不留不百年而骨骸莫存天地之氣聚而爲物爲質散則復爲空爲氣歟

語譯 사람이 살아있을 때는 몸이 따뜻하면서 움직이며, 정신은 능히 지혜롭고 밝으며, 사람이 죽으면 즉 몸 껍데기는 차고, 뼈와 살이 굳어지고 단단해져 썩고 문드러져서 흩어져 없어지고, 몇 년이 안 되어 살가죽과 살은 남지 않고, 백년도 안 되어 뼈다귀와 뼈는 남아있지 않다. 하늘과 땅의 기운은 모여서 물건이 되고, 바탕이 되며, 흩어진 즉 다시 빈 것이 되고, 기운이 되는 것인가?

原文 靈性發於氣質散亡則靈性亦隨而滅歟抑天地靈秀之性鍾而爲靈貞明之氣聚而爲體之沒而靈自不滅耶靈旣不沒則返朝于天耶悠悠然縱遊乎六合*耶抑如佛氏之說時隨輪回之苦重疊而爲人耶

語譯 신령스러운 성품은 기운과 바탕에서 나타나고, 흩어져 없어진 즉 영성도 또한 따라서 없어지는 것인가? 그렇지 않으면 하늘과 땅의 영특하고 빼어난 성품이 모여서 신령스러움이 되고, 곧고 밝은 기운이 모여 몸이 되며 몸은 없어지는데 영은 스스로 없어지지 아니하는가? 영이 이미 없어지지 아니 한다면 도리어 하늘로 올라가는 것인가? 유유히 육합을 따라 노는 것인가? 그렇지 않으면 불교에서 말한 것과 같

이 때로 떨어져서 윤회하고 고통이 거듭 거듭하다가 사람이 다시 된다는 것인가?

註 六合(육합): 天地와 四方. 천하, 우주 세계.

原文 觀夫蟲蠢卵者能知其爲母蛾所産耶卵化爲虫蠕蠕然索餌而走動能知其爲從卵而出者耶虫旣成長造菌脫毛而爲蛹暗眠於其中

語譯 대체로 벌레 누에를 보건대, 알이 능히 그 어미나방이 낳아 준 바를 아는가? 알이 화해서 벌레가 되어 굼실거리면서 먹을 것을 찾아서 달리면서 움직이며 능히 쫓아 알이 되어 나왔다는 것을 아는가? 벌레가 이미 성장하여 누에고치를 만들어 털을 벗고 번데기가 되어 가만히 그 가운데서 자고 있었으니,

原文 使人觀之籧籧然樂矣雖然渠能知其方夢而覺夏虫之爲蛹耶蛹旣睡滿則脫殼爲蛾穿繭而出翩翩然飛飛舞於林樾渠能知其自蛹而變化者耶使人高脫乎其外歷觀變化之跡則其序瞭然曾無毫末之疑使蛾自量則是個未知從來底一生涯也寧知其四變之序耶使造翁超脫乎塵外達觀乎人生變化之迹則是亦若是而已耶

語譯 사람으로 하여금 그것을 본다면 깜짝 놀라듯이 즐기고만 있도다. 비록 그렇긴 하나 그것들 자신들이 능히 그 바야흐로 꿈을 알아서 그 여름 벌레(여름에 치는 누에)가 번데기가 되었다는 것을 깨닫겠는가?

번데기가 이미 잠을 실컷 잔다면 껍데기를 벗어 나방이 되어 고치를 뚫고 나와서 펄펄 나는 듯 수풀 그늘 속에서 춤추며 날아 다니다 그것이 스스로 번데기가 되어 변화됨을 알겠는가? 사람으로 하여금 높이 그 밖에 벗어나 차례대로 그 변화의 자취를 살펴 본다면 그 차례가 아주 뚜렷해서, 일찍이 털끝만큼의 의심도 없을 것이다. 나방이로 하여금 스스로 헤아리게 한다면 이것은 하나하나 종래의 한 생애를 알지 못하는데 어찌 그 네 가지로 변화하는 차례를 알겠는가? 조물주로 하여금 이 세상 밖에 껑충 뛰어나가서 인생의 변화하는 자취를 통달해 보게 한다면 즉 이 또한 이와 같을 뿐이겠는가?

原文 范縝有言曰形者神之質神者形之用也神之於形猶利之於刀未聞刀沒而利尚存豈容形亡而神在哉是說眞耶

語譯 범진이 있어 말하길, 사람의 몸이란 정신의 바탕이요, 정신이란 형태를 활용하는 것이라. 정신은 형태에 있어서는 칼에 대해서 날카로움과 같아서 칼이 없어져가지고 날카로움이 오히려 남아 있다는 것을 듣지 못했도다. 어찌 형용(육체)이 없는데 정신이 있는 것인가 라고 했으니, 이 말이 진짜인가?

原文 儒曰魂升而魄降佛曰靈魂不滅而涅槃*地獄輪回*解脫之說最繁

語譯 유교에서 말하기를, 혼은 올라가고 넋은 내려온다 했고, 불교에서는 말하기를, 영혼은 멸하지 않는다고 했고, 열반과 지옥이 빙빙 돌고(윤회) 해탈한다는 말이 가장 번거로운데,

註 涅槃(열반) : 佛敎에서 도(道)를 완전히 이루고 모든 번뇌와 고통을 끊어 불생불멸(不生不滅)의 법성(法性)을 깨달은 해탈(解脫)의 경지.
輪廻(윤회) : 수레바퀴가 돌고 돌아 끝이 없는 것과 중생(衆生)이 멸하지 않고 전전(轉轉)하여 무시무종(無始無終)으로 돈다는 일.

原文 乃檀儉則曰功完而朝天歸神鄕又曰扶萬善滅萬惡性通功完乃朝天佛說可耶儒說不疎耶桓儉之訓眞耶抑范縝神滅之論乃發前人所未發者耶人何由生人可由死

語譯 곧 단검인즉 말하기를, 공이 완성되어 하늘로 올라가서 신의 고향으로 돌아간다 라고 했고, 또 말하기를, 모든 선은 붙들어 주고, 모든 악은 멸하여 성품이 통하고 공이 완성되면 곧 하늘로 올라간다고 했으니, 불교의 말이 옳으냐? 유교의 말이 성기지 아니한 것이냐? 환검의 교훈이 진짜인가? 그렇지 않으면 범진의 신은 멸한다는 말은, 앞의 사람들은 일찍이 말하지 아니한 바를 말한 것인가? 사람은 왜 생겼으며 사람은 왜 죽는가?

原文 人生自何人死歸何生是奇也死乃歸耶生乃起也死則落耶生也有涯而死則無涯耶抑亦死而後始有無限眞善之境耶

語譯 인생이란 어디로부터이며 사람이 죽으면 어디로 돌아가는가? 산 것은 이에 의지하여 사는 것이며 죽으면 이에 돌아가는 것인가? 사는 것은 이에 일어나는 것이며 죽는 것은 즉 떨어지는 것인가? 살아가는 것은 끝이 있으며 죽은 즉 끝이 없는 것인가? 그렇지 않으면 또한 죽은 이후에는 비로소 무한한 진짜 선의 경계가 있는 것인가?

原文 摩利之塹城壇則經四千載而健存漢南之長城歷二千餘歲而猶崇墉屹屹

語譯 마리산 참성단은 즉 4000년이 지났는데 아직도 건전하게 남아 있고, 몽고 사막 남쪽의 만리장성은 2000년이 지났는데 오히려 높은 성으로 높고 높고,

原文 慶州之瞻星臺過千數百年而尚巍巍然特立然特立然則人之所肩擔手磨規矩而繩墨之者能閱累千載而不滅獨肩擔手磨規矩而繩墨之之人死則與腐血朽肉盡消永滅於黃沙腐土之中不曾精靈之有留耶

語譯 경주의 첨성대는 천 수백 년이 지났는데도 아직 높고 높은 듯 우뚝 서 있는 듯하니 즉 사람이 어깨로 지고, 손으로 갈고, 자로 먹줄쳐 만든 것 같은 것들은 능히 여러 천년을 지나갔는데도 없어지지 아니했는데, 다만 어깨로 지고 손으로 갈고 자로 먹줄쳐 하는 인생은 썩은 피와 썩은 고기와 더불어 다 소멸하여 영원히 누런 모래 썩은 흙 가운데로 사라져 버리니, 일찍이 알찬 신령은 남아 있지 않은 것인가?

原文 宇宙之內蒼茫之外旣有一大精靈瀰滿而推運之則人之生也非但血肉骨骸之從氣質中受者也更有精神魂魄之自精靈而禀者也

語譯 우주의 안과 저 푸르고 아득한 밖에 이미 하나의 큰 알찬 신령이 있어서 더욱 가득 차 미루어 움직여 나가고 있으니 즉 사람이 살아간

다는 것이 다만 피, 살, 뼈가 기질의 가운데로 좇아 받은 것일 뿐 아니고, 다시 정신과 혼백이 스스로 알찬 신령으로서 받은 것이 있는 것이로다.

原文 余於儒佛及檀儉之說雖不遑其辨證而人生自有不滅之靈扶善滅惡通性完功則身固有死而英靈不泯能朝天而入神鄉則可信矣

語譯 나는 유교, 불교 및 단검의 말에 대해서 비록 그 변명을 하고 증명할 겨를은 없으나 인생이란 스스로 멸하지 않는 신령스러움이 있고, 선은 붙들어 주고 악은 멸하면서 성품을 통하고 공을 완성한다면 즉 몸은 진실로 죽을지언정 영령만은 없어지지 아니하고 능히 하늘로 올라가서 신의 고향으로 돌아간다는 것인즉 가히 믿을 만하도.

原文 昔者永郎恨人生之無幾慕先聖之化神乃棄其率入向彌山中修道行年九十有嬰兒之色鷺羽之冠鐵竹之杖逍遙于湖山

語譯 옛날에 영랑이라는 사람이 인생의 덧없음을 한탄하고 옛날 성인들이 신으로 화했다는 것을 사모하여 이에 그 가솔을 버리고 향미산 가운데로 들어가서 도를 닦고, 행한 해가 90인데 영아의 얼굴색이 있었고, 갈매기 날개의 관(모자)과 쇠와 대나무 지팡이로 호수와 산을 소요하며 다녔다.

原文 神女寶德歎蜉蝣*之殘命惜朝露之易消乃求師學道

抱琴而歌音若靈霄之王簫貌若秋水之芙蓉是固仙之達
者也

語譯 신녀 보덕이란 사람은 하루살이 같은 남은 목숨을 한탄하고, 아침이슬같이 쉽게 사라지는 것을 아까워하여 이에 스승을 찾아가 도를 배웠고, 거문고를 껴안고 노래 했으니, 그 소리는 신령스러운 하늘의 옥피리 소리 같았고, 모양은 가을 물의 연꽃 같았으니 이는 진실로 신선에 이른 자로다.

註 蜉蝣(부유) : 하루살이과에 속하는 잠자리 비슷한 작은 곤충. 여름과 가을에 물가에서 떼 지어 나는데 산란 후 수 시간 만에 죽는 하루살이. 인생의 덧없음을 비유.

原文 若夫齊景公泣牛山之落日秦皇嘆東南之雲氣漢武有悔於汾水之秋風

語譯 저 제나라 제경공이 우산이란 산에서 해가 떨어지는 것을 보고 눈물을 흘렸고, 진시황이 동남쪽의 구름 기운을 보고 한탄했으며, 한나라 무제가 분수의 가을바람에 후회함이 있었고,

原文 阮籍乃哭於窮道落日蒼蒼者是人生之悲處耶

語譯 완적이란 사람은 이에 길이 끝나고 해가 떨어지는 것을 보고 울었다고 하니 푸르고 푸른 이 넓은 우주는 인생에 있어서 슬픈 곳인가?

原文 秦皇而無死則東南之雲氣竟得無驗耶漢武而遇仙

則建章栢梁終免黃塵耶

語譯 진시황으로 죽음이 없었다면 즉 동남쪽의 구름기운이 마침내 능히 증험함이 없었을까? 한나라 무제로 신선을 만나게 했다면 즉 자기가 살던 건장궁의 백량(잣나무 대들보)이 마침내 누런 먼지가 되는 것을 면할 수 있었을까?

原文 阮籍而寄生於虞舜之世則擊石拊石率百獸而舞耶人之說生者是惑耶惡死者是弱喪而不知歸者耶方其夢而不知夢者耶余與人皆夢耶人之死者信可悔其始之蘄生耶此世則苦海也人之生也是墜落於苦海者耶兒出胎門則便哭眞有愁於人世而然耶

語譯 완적이 우순시대에 삶을 붙이고 살았다면 즉 돌을 두들기며 쳐가면서 여러 가지 짐승들을 거느리고 춤을 추었을까? 사람이 생을 말하는 것이 혹 의심쩍은 일인가? 죽음을 미워하는 것이 이 약하고 상하게 만들어서 돌아가는 것을 알지 못하는 것인가? 바야흐로 그 꿈을 꾸면서 꿈을 알지도 못하는 것인가? 내 사람들과 더불어 다 꿈을 꾸는 것인가? 사람이 죽는 것이 진실로 가히 처음에 생을 바라던 때를 후회하는 것인가? 이 세상인즉 정말 괴로운 바다이니 사람이 생겨나는 것은 고해로 떨어졌다는 것인가? 아이가 엄마 뱃속에서 처음 나올 때 문득 울고 나오니 진실로 이 사람 사는 세상에 근심이 있어서 그러한가?

原文 觀夫市朝*宏樓層疊士女繁鬧肥馬大道長嘶花朝觀夫北邙古墳衰敗髑髏荒落寒鴉古木悲鳴秋風前何是熱

後何是冷耶人之生也竟若是而已耶

語譯 대체로 저 시장 바닥을 보건대 큰 집이 여러층 첩첩이 많고, 남자 여자들이 번거롭고 시끄럽게 떠들고 있으며 좋은 말이 큰 길에서 아침의 꽃 속에서 길게 울부짖는데 저 북망산천을 보건데 옛날의 무덤이 지금 쇠하여 무너졌고 뼈와 뼈가 거칠게 드러나 있으며 찬 까마귀가 오래된 고목에서 슬피 가을바람에 울고 있으니, 앞에서는 어찌 뜨거웠던 몸이 뒤에서는 어찌 차디차졌던가? 사람이 산다는 것이 마침내 이와 같을 뿐인 것인가?

註 市朝(시조) : 사람이 많이 모이는 곳. 전(轉)하여 물건이 많이 모이는 곳.

原文 雲捲而山空潮*落而海虛日月落星辰蔽而天地居然冥閉人之死也竟若是而已耶

語譯 구름이 걷혔는데 산은 텅텅 비어 있고, 조수가 떨어졌는데 바다는 텅텅 비어 있으며, 해와 달이 떨어지고 별과 별자리가 가려지면 하늘과 땅은 태연히 어두워서 막히니 사람이 죽는 것이 마침내 이와 같을 뿐인 것인가?

註 潮(조) : 潮水(조수). 바닷물. 해수. 해와 달. 특히 달의 인력(引力)에 의해서 일정한 시간을 두고 주기적으로 해면(海面)의 수준(水準)이 올라갔다 내려갔다 하는 현상을 이루는 바닷물.

原文 觀乎窮鰥飢男餒女屋漏而牕裂潦浸竈雪打戶破衣襤褸頭蓬面垢何樂之樂何生之生人生而難得公侯豪傑之勢高人烈士之趣寒叫衣飢呼食眊眊役役而終一生寧

投海而死者可耶

語譯 가난한 거적집에 사는 사람을 보건데, 배고픈 남자와 굶주린 여자가 지붕이 새는 집에서 창문은 찢어졌고, 장마가 들면 비가 부엌까지 젖어 들고, 눈이 내리면 창문을 때리며, 찢어진 옷이 남루해지며, 머리는 쑥대머리고 얼굴은 때가 끼었으니 무슨 즐겁고 즐거움이 있겠으며 무슨 삶을 사는 것이겠는가? 사람이 태어나서 능히 공후 호걸의 모습 얻기가 어려운 것인가? 인격이 높고 사람이나 열사로 나아가는 것이 어려운가? 추울 때에는 옷을 달라고 부르짖고, 배고플 때에는 먹을 것을 부르짖으면서 눈 흘기고 눈 흘기며 힘들고 힘들게 일하며 일생을 마치니 차라리 바다에 몸을 던져 죽는 것이 가할 것인가?

原文 觀乎蜂蟻將者卒者守者戰者役者産者雄雄窺窺來來去去運花搬螢探腐捨死勞勞役役勤勤孜孜意者微物亦有久遠之大計耶抑旣有生則必求其存而不能自止者耶人之於生也亦若是而已耶

語譯 벌과 개미를 보건대, 장수와 졸병이 있고, 지키는 자와 싸우는 자가 있고, 일하는 자와 새끼 낳는 자(여왕)가 웅웅하면서 오고 오고 가고 가고 하며 꽃을 나르고 꿀을 운반하며, 썩은 것을 더듬어 죽은 시체를 주워다가 수고롭고 힘들고 힘든데 부지런히 부지런히 열심히 열심히 하니 뜻하건대 저런 미물들도 또한 오래고 먼 큰 계획이 있는가? 그렇지 않으면 이미 생명이 있은 즉 반드시 보존함을 구하여 능히 스스로 그칠 수는 없는 것인가? 사람이 살아감에 있어 또한 이와 같을 뿐이겠는가?

原文 世如苦海夭者爲福而壽者爲禍夭而無寃易壽而作善難人可赴海而死以短其壽者善耶抑亦忍痛耐苦長其生而積其善以入于涅般者爲最善耶

語譯 세상은 고해 같다고 했으니, 일찍 죽는 자는 복이 되고 오래 사는 자는 화가 되고 일찍 죽어서 원통함이 없기는 쉽고, 오래 살아서 선을 짓는 것은 어려우니 사람들은 가히 바다에 나가서 죽음으로써 오래 사는 것을 단축시키는 것이 좋은 것이겠는가? 그렇지 않으면 또한 아픈 것을 참고 고통을 견뎌내며 그 생명을 길이 하여 그 선을 쌓아감으로써 열반에 들어가는 것이 최선이 되는 것인가?

原文 余于人之生死不敢妄斷而宇宙之內蒼茫之外儼存者主宰欲扶眞養善滅惡消凶以率萬物而生人也則信矣

語譯 내 사람이 살고 죽는데 있어서 감히 망령되이 단정 지을 수 없으며 우주의 안과 창망한 밖에 엄하게 살아있는 자가 주관해 통솔하여 참을 붙들어 주고 선을 길러 주고자 하고, 악을 멸하고 흉함을 사라지게끔 하여 써 만물을 거느려서 사람을 살아가게 한다면 즉 믿을 수가 있는 것이다.

原文 人之於生也樂道安分忍辛耐苦勤孜而母敢怨則善矣存性養志行善而不怠使得俯仰而無愧則雖死而無餘亦足矣余於是乎歎聖訓之無疎而知震域之壽祿能致其久遠也

語譯 사람이 살아가는데 있어서 도를 즐기고 분수를 편안히 여기며 매운 것을 참아 견디고 쓴 것을 견디며 부지런히 하여 감히 원망이 없게 한다면 훌륭한 것이다. 성품을 보존하고 뜻을 키우고 선을 행하면서 게으르지 아니하여 하여금 능히 구부리고 우러러 부끄러움이 없게 한다면 즉 비록 죽어서 남는 것이 없다 하더라도 또한 만족할 것이로다. 나는 여기에 있어서 성인들의 교훈에 성김이 없는 것을 감탄하면서 우리 진역에서 오래 살면서 복을 받는 것이 능히 오래고 먼데까지 이르른다는 것을 알고 있도다.

原文 莊子曰天道運而無所積故萬物成帝道運而無所積故天下歸聖道運而無所積故海內服此三者皆籍物之性而無所牽滯也

語譯 장자가 말하기를, 하늘의 도는 움직이면서 쌓여 멈추는 바가 없는 고로 만물이 이루어지고, 임금의 도는 움직이면서 쌓여 멈추는 바가 없는 고로 천하가 돌아오게 되고, 성인의 도는 움직이면서 쌓여 멈추는 바가 없는 고로 바다 안 모든 데가 복종하니 이 세 가지는 모두 물건의 성품에 기대서 끌리고 막히는 바가 없는 것이다.

原文 夫帝王之德以天地爲宗以道德爲主以率萬民順萬事爲用

語譯 대체로 제왕의 덕은 천지를 가지고 최고로 삼고, 도덕을 가지고 주장을 삼으며, 만민과 만사를 따르게 하는 것으로 활용을 삼는다.

[原文] 昔者神市氏旣開創萬始垂範萬類體天道而導物性

[語譯] 옛날에 신시 씨란 사람이 이미 만 가지 처음 시작되는 것을 전부 열어 만들어서 법을 만 가지 종류에 다 전해 내려왔고, 하늘의 도를 실천하여 물건의 성품을 인도해 나갔던 것이다.

[原文] 及夫檀儉之世而復建都立國分邦設牧純誠抱一以則天範秉天心以及于人心扶萬善滅萬惡於是萬民以化天下以靖及其功完則竟朝天而入神鄕昭格陟降子懷我民聖澤神律洽被萬世猗歟盛哉

[語譯] 대체로 단검의 세상에 미쳐서 다시 도읍을 세우고 나라를 세웠고 나라를 나누어 베풀어 다스렸으며 순수한 정성으로 한결같이 감싸 안아서 써 하늘의 법을 실천했었고, 하늘의 마음을 잡아서 사람의 마음에까지 미치게 했으며, 만 가지 선은 붙들어 올리고, 만 가지 악은 없애 버렸으니 이에 만민이 동화되었고, 천하가 다스려졌으며 그 공(임금의 할 일)이 완성됨에 미쳐서 마침내 하늘로 올라가서 신의 고향에 들어갔는데, 밝게 하늘을 오르내리면서 우리 백성들을 아들같이 품어서 성스러운 혜택과 신령스러운 법이 흡족히 만세에 입힘에 아주 아름답고도 왕성하였도다(훌륭했도다).

[原文] 夫婁承統益修德政廣采賢能啓學而廣敎聲聞大彰

[語譯] 부루가 아버지를 이어 거느려서 더욱 덕스러운 정치를 닦았고, 널리 어질고 능력있는 사람을 캐냈으며 학문을 열어 널리 가르쳤으며 소문이 크게 들어났도다.

原文 嘉勒續位能繼父祖之道西鄰失德仗善征惡威被天下兆民慕化

語譯 가륵은 자리를 이어서 능히 아버지 할아버지의 도를 계속하여 이어갔는데 서쪽 이웃나라(중국 하나라)가 덕을 잃었으니 선을 부르짓고 악을 정복하여 그 위세가 천하에 입혔으니 억조 만 백성이 사모하여 동화되었다.

原文 於是振振神孫繩繩繼位歷千二百載而國無弒逆*篡奪之變民無魚肉*塡充之禍定南夷平猰貐討夏征殷建侯于禹域逐盎肅平阿叱縱有盎骨之肆毒乃竟服乎帝德細民有犯卒化於神韻震域萬年之鴻基旣原於此也

語譯 이에 떨치고 떨친 신령스런 자손(단검 자손)들이 계속 임금 자리를 이어가면서 1200년을 지나갔는데 나라에는 임금을 죽이는 사람이나 뺏고 뺏는 변고가 없었고, 백성들을 죽이고 구덩이를 채우는(시체가 쌓이고 쌓임) 화도 없었고, 남이족을 평정하고 알유족도 평정했으며 하나라를 토벌하고 은나라를 정복하여 우가 다스리던 지역에 임금을 세웠고, 앙숙을 내쫓았으며 아질을 평정하고, 비록 앙골의 간사한 독이 있었으나 이에 마침내 임금의 덕에 복종했고, 가난한 백성들로 범하는 자가 있어도 마침내는 신령스런 소리에 동화되었으며, 우리 동방진역의 만년 큰 기틀이 이미 여기에서 근원했던 것이다.

註 弒逆(시역): 부모와 임금을 죽이는 대역(大逆) 행위.
魚肉(어육): 생선과 고기, 전(轉)하여 참살(斬殺) 당함을 비유.

原文 方外之人名之以君子國言其俗則曰衣冠帶劒好讓不爭

語譯 나라 밖에 있는 사람들(중국 사람)이 이름하여 써 군자국이라 했고, 그 풍속에 말하기를, 옷을 입고, 모자 쓰고, 띠 두르고, 칼 차고, 양보하기를 좋아하며 다투지 않았다 했다.

原文 郭璞*贊之則曰有東方氣仁國有君子薰華*雅好禮讓禮委論理

語譯 곽박(진나라 사람)이 그를 칭찬하여 말하기를, 동방에 기운이 어진 나라가 있는데 군자가 있어서 훈화가 피는 아름다운 나라고, 예의와 양보를 좋아하는데, 예는 논리를 따라서 했다 라고 하였다.

註 郭璞(곽박) : 진나라의 시인.
　　薰華(훈화) : 무궁화꽃.

原文 胥餘*避周則慕化歸依安捿一枝綿延千年遺裔尚繁

語譯 서여(기자)가 주나라를 피해 왔은즉 사모하고 동화하고 귀의하여 편안히 한 갈래로 깃들이고 살면서 천년을 뻗어 내려오며 남은 자손들이 오히려 번성했다.

註 胥餘(서여) : 기자(箕子)의 이름.

原文 王制則記*曰仁而好生萬物抵地而出

語譯 왕제측기(왕의 제도의 법을 기록한 책)에 말하기를, 인으로서 살아가는 걸 좋아하여 만물이 땅을 밑천삼아 나왔다 라고 했고,

註 王制則記(왕제측기) : 왕의 제도의 법을 기록한 책.

原文 仲尼歎其道之不行則欲乘桴浮海而居九夷*以君子所居爲說

語譯 중니(공자)가 도가 행하여지지 않아 탄식할 때 뗏목을 타고 바다에 떠서 구이에 살고자 한다고 했으니, 구이는 군자가 사는 곳이므로 이렇게 말한 것이다.

註 九夷(구이) : ① 上古시대에 東方에 있던 九種(구종)의 이족, 곧 견이(畎夷), 우이(于夷), 방이(方夷), 황이(黃夷), 백이(白夷), 적이(赤夷), 원이(元夷), 풍이(風夷), 양이(陽夷). ② 많은 이민족.

原文 許愼*作說文*則曰唯東夷從大大人也夷俗仁仁者壽有君子不死之國以孔子之乘桴欲去謂有以

語譯 허신이 지은 설문에 말하기를, 오직 동이라는 것은 큰 것을 따르는 대인이란 뜻이었는데 동이족의 풍속은 어질고, 어진 자는 오래 사는 것이라. 군자가 있으니 불사의 나라이기 때문에 공자가 뗏목을 타고서 떠나고자 했던 것이다.

註 許愼(허신) : 후한 때의 정치가 설문학(說文學)의 대가.
說文(설문) : 한나라 때 최초의 옥편. 9,000여 자가 수록됨.

原文 東方朔著神異經則以恭坐而不相犯相譽而不相毁
見人有患投死救之名曰善人此則言能仁而復能勇能恭
而復能烈敬美而不妄言具眞人之美德兼剛柔之良能也
余於是乎誇爲東夷之人也

語譯 동방삭이 지은 신이경에 있으니, 즉 공손하게 앉아 서로 침범하지 않고, 서로 칭찬하면서 서로 헐뜯지 아니하며, 사람이 근심 있는 걸 보면 죽음을 던져서 구원해주니 이름해 말하기를, 선인이라 한다 했으니 이것은 즉 말하건대 능히 어질면서 다시 능히 용맹스럽다는 것이고, 능히 공손하면서 다시 능히 열렬하다는 것이고, 아름다움을 공경하면서 망령된 말을 아니하고, 또 참된 사람의 아름다운 덕을 갖추었고, 강하고 부드러운 좋은 능력을 겸했다는 것이니 나는 여기에서 동이사람됨을 자랑하노라.

原文 尚書*堯典曰分命羲仲宅嵎夷*曰暘谷

語譯 상서 요전에 말하기를, 희중 씨에게 명령을 내려 우이에 가서 살라 라고 했으니, 말하건대 장곡이라 했고,

註 尚書(상서) : 공자가 쓴 상고사. 서경(書經).
嵎夷(우이) : 옛날 우리의 九夷 중의 하나.

原文 禹貢曰海岱惟青州嵎夷旣略則是東人之占據於海
岱之間也冀州有皮服之島夷則是東人自渤海西北諸島
遷居冀州近海之地也揚州有卉服之島夷則是東人自揚

漫說 만설 | 173

州以東諸島從居乎江淮之間也

【語譯】 우공(서경 우공편)에 말하기를, 해대지방(노나라의 태산 즉 산동반도 근처)은 청주인데, 우이가 침략했다고 한즉 이것은 동이 사람들이 해대 사이를 점령하고 있었던 것이고, 기주에는 가죽 옷을 입는 도이 족들이 있었다면 이것은 동쪽 사람들이 발해 서북 여러 섬으로부터 기주 가까운 바다의 땅으로 옮겨가 살았던 것이고, 양주에는 풀 옷을 입는 도이들이 있었다고 한즉 이것도 동이 인들이 양주 동쪽 여러 섬으로부터 양자강과 회수 사이에 옮겨가 살았던 것이다.

【原文】 更有作牧之萊夷商蠙珠纖縞之淮夷則是又東人之相地審勢應便營生之一端也

【語譯】 다시 목축을 하는 내이 족과 또 바닷가에서 조개와 구슬을 팔고 사는 것과 고운 비단 짜는 회이(회수가의 이족)가 있었다고 한다면 즉 이것은 동이인들이 땅을 보고 형세를 살펴 응당 편리하게 생을 경영했다는 한 단서로다.

【原文】 上古人心素樸雖異族隣處非非常之際則必各守其業不甚相侵而互觀其勢若强弱縣殊而治亂相反則必生征戰之端

【語譯】 옛날 사람들의 마음은 소박하여 비록 다른 민족이 이웃에 산다 하더라도 비상한 때가 아니면(보통 때) 즉 반드시 각각 그 직업을 지키면서 심히 서로 침범하지 아니했으나, 서로 그 형세를 보면서 만약 강하고 약함이 현격히 달라서 잘 다스리고 어지러움이 서로 반대가 된다

면 즉 반드시 정벌하는 전쟁의 실마리가 생기는 것이다.

原文 此屹達*遣兵邠岐勿理*建侯殷地也余於是手歎上古我先民之武勇也

語譯 이것은 흘달이 군대를 빈땅과 기땅에 보냈었고, 물리가 은나라 땅에 임금을 세웠었다. 나는 여기에서 상고시대 우리 조상들의 무용에 감탄하노라.

註 屹達(흘달) : 제16대 단군.
　勿理(물리) : 제17대 단군.

原文 幸無偏技不專故天下之物無獨享其安而專擅其威者也何以知其然耶夫爪牙者虎豹之幸也而牛鹿之不幸也頭角者牛鹿之幸也虎豹之禍也

語譯 다행히 재주가 어느 한쪽으로 치우치지도 않고, 기술도 오로지 하지 않는 고로 천하의 물건은 혼자만 그 편안함을 누릴 수가 없는 것이며, 그 위세도 오로지 할 수가 없는 것이다. 무엇으로써 그러함을 알았는가. 대체로 손톱이 발달(매)하고 어금니가 발달(호랑이)한 것은 호랑이나 표범에게는 다행이요(장점이 되고, 행복이요, 좋은 것이지만)소나 사슴에게는 불행인 것이다. 머리에 뿔 있는 것은 소나 사슴에게는 행복이나 호랑이나 표범에게는 화가 되는 것이다.

原文 貓鼬之捷一技也而鼠雀之迅亦一技也鷹隼之擊固

所難避而密林深竇可藏烏鼠鴻鴈鳧鴨旣無銳爪利嘴則
或高飛遠翔以避讎敵或迅飛淵潛圖脫刑禍

語譯 고양이나 족제비의 빠름은 한 기술이요, 쥐나 참새의 빠름도 또한 한 기술이나 매의 공격은 진실로 피하기가 어려운 것인데, 밀림이나 깊은 구멍에는 감출수가 있다. 새나 쥐, 기러기들과 오리 따위들은 이미 날카로운 손톱은 없고 날카로운 주둥이도 없으나, 혹은 높이 날고 멀리 날아서 원수의 적들을 피할 수 있으며 빨리 날고 깊이 연못에 잠겨서 형화를 벗어나기를 도모할 수 있다.

原文 鸛鶴之嘴恃長誇銳則蛇藏穴鰌沒泥蟹入孔蛤掩甲
此乃鷹隼鸛鶴之屬各有一技一幸而烏鼠鴈鴨蛇鰌蟹蛤
之類亦各有一技一幸也

語譯 학들의 부리는 긴 것을 믿고 날카로운 것을 자랑하나 즉 뱀은 구멍에서 감추고 미꾸라지는 진흙 속에 빠져들고 게는 구멍 속으로 들어가고 조개는 껍데기 속으로 들어가 감추니, 이것은 곧 매나 학의 따위들도 각각 한 가지 기술과 한 가지 행복이 있는 것이며, 새나 쥐, 기러기, 오리, 뱀, 미꾸라지, 게, 조개의 무리들도 각각 또한 한 기술과 한 행복이 있는 것이다.

原文 且夫蛇鈍於回轉則蛙鼠之幸也豹狼無攀木之能則
猿猴之幸也斷而能生則蚯蛭之幸也

語譯 또 대체로 뱀은 구르는 데는 둔하니 즉 개구리나 쥐에게는 다행

이고, 이리나 늑대가 나무를 잡고 올라 갈 수 있는 능력이 없는 것은 원숭이에게는 다행이요, 끊어져도 능히 살 수 있는 것은 지렁이의 행복이다.

原文 全身毒毛則夏蟲之幸也及若蜂蠍之有螫蟾蜍之吐液龜鼈之縮首蜥蜴之脆尾皆於探餌防敵禦侮逃命莫不爲一技一幸也於是焉以虎豹之強而不免轉逐之勞飢渴之苦牛鹿之柔而亦得保殖之幸眠齕之樂其他貓鼬鷹倖鸛鶴之屬之爲強鼠雀鴻鴈鳧鴨之屬之爲弱罔或不然天下豈有不勞之功無難之安耶

語譯 온 몸이 독이 있는 털 있는 것인즉 여름 벌레의 행복이요, 벌이 쏘는 것과 두꺼비들이 침을 뱉는 것(침이 독하다), 거북이와 자라가 머리를 움추리며 도마뱀들이 꼬리가 약한 것은 다 먹이를 더듬는 것, 적을 막는 것, 모욕을 막는 것, 목숨을 보호하는 것에 한 기법과 한 행복이 되지 않는 것이 없다. 여기에 있어서 호랑이나 표범의 강한 것을 가지고도 구르고 쫓는 수고로움과 배고프고 목마름의 고통을 면할 수 없고, 소나 사슴의 유약한 몸이나 또한 능히 보존하고 불어나는 행복과, 졸고 씹는 즐거움도 있으며, 기타 고양이, 족제비, 매, 학 같은 따위의 강함이 되는 것과, 쥐, 참새, 기러기, 오리 따위의 족속들의 약함이 되는 것도, 혹 그러하지 아니함이 없으니 천하에 어찌 수고롭지 않은 공과 어렵지 않은 편안함이 있겠는가?

原文 嘗聞天竺有獅子者爲四足獸中獨步一切生類聞其吼則震驚魚沒深淵獸藏窟穴飛禽墜落莫不逃竄盖百獸

之王也

[語譯] 일찍이 들었는데, 인도(천축)에 사자란 것이 있는데 네발 가진 짐승 가운데에는 제일 우뚝함에 모든 그 생명 있는 종류들이 그 울음소리만 들어도 즉 놀라고 놀라서 물고기는 깊은 연못으로 숨어 들어가고, 짐승들은 굴 속으로 몸을 숨기며, 날아다니는 새들은 떨어지고 떨어져서 도망가고 도망가지 아니함이 없으니 대개 모든 짐승들의 왕이었던 것이다.

[原文] 若使獅子添翼付鰭大小如意則必飛食鳥走食獸水吞魚穴吞鼠雀跨水陸通上下而不遺蠢物天下復有保生之類耶

[語譯] 만약에 사자로 하여금 날개를 덧붙여 주고, 비늘을 붙여줘서 크고 작은 것을 뜻과 같이 하게 한다면 즉 반드시 날아다니면서 새들을 잡아먹었을 것이고, 달리면서 짐승들을 잡아먹었을 것이고, 물에 들어가 물고기를 삼켰을 것이며, 굴로 들어가서 쥐, 참새를 삼켜서 물과 육지에 걸터 앉아서 위아래를 모두 통하여 꿈틀 거리는 물건에 남김이 없을 것이니 천하에 생명을 보존하는 따위가 있었겠는가.

[原文] 雖然造翁之意自無偏辟寧有盡驅一世之生類獨充貪獅壑欲之惡理耶是以海容寸鉎*之魚山有指小之雀樹息飮露之蟬泥藏無目之蚯蠕蠕微虫亦同浴皇天之洪恩

[語譯] 비록 그러나 조물주의 뜻은 스스로 한쪽으로 치우치는 것이 없

었으니 어찌 한 세상의 생명 있는 종류들을 다 몰아가지고 다만 탐내는 사자의 큰 욕심만을 채워주는 악한 이치가 있겠는가? 이로써 바다에는 한 치의 금저울 눈금만한 고기도 용납하고, 산에는 손가락만한 참새도 있으며, 나무에도 이슬을 마시는 매미가 쉬고 있으며, 진흙 속에는 눈 없는 지렁이도 숨어있으니 꿈틀거리는 조그만 벌레들도 또한 다 같이 이 빛나는 하늘의 넓은 은혜에 목욕을 하고 사는 것이다.

註 寸銖(촌수): 조금, 극히 적음.

原文 然則世間豈有權權專富之家獨霸專强之國耶故諺曰未有不亡之國曾無不敗之家余於是乎知民物之不可無危難而覺家國之興亡不得免翻覆無常也然則安可以眼前榮枯*二三其心也哉

語譯 그렇다면 세상 사이에 어찌 권리를 제 맘대로 하고, 부자를 오로지 할 수 있는 집이 있겠으며, 홀로 패권을 쥐는, 오로지 강한 나라가 있겠는가. 그러므로 속담에 말하기를, 망하지 않는 나라는 없으며, 일찍이 패하지 아니한 집안이 없다고 했으니, 나는 여기에서 알았도다. 백성이나 물건들은 가히 위험하고 어렵지 아니함이 없으며, 나라와 집은 흥망을 면할 수 없음을 깨달았고, 번복(뒤집힘)이 무상하다는 것도 알았다. 그렇다면 어찌 가히 써 눈 앞에 있는 영화와 고통으로 그 마음을 이랬다저랬다 하겠는가?

註 榮枯(영고): 무성함과 시듦. 성(盛)함과 쇠(衰)함.

原文 天人之際覆育*之化大矣未遑長說地人之際載安之

德厚矣其陶冶感薰之功甚巨是以國相都民擇里未嘗敢忽

語譯 하늘과 사람이 만날 때에는 덮어주고 키워 주는 교화가 큰 것이니 긴말 할 겨를이 없다. 땅과 사람이 만날 때에는 실어주고 편안히 해주는 덕이 두터워, 쓸모없는 것을 쓸모 있게 만들어서 훈훈하게 느끼게 하는 공이 심히 크도다. 이로써 나라는 도읍지를 살펴야 하고 백성들은 마을을 골라야함에 일찍이 감히 소홀이 해서는 안 되었다.

註 覆育(복육): 천지(天地)가 만물을 덮어 기름. 천복지육(天覆地育).

原文 夫相都擇里者欲其選地理風氣之適善也盖定都占居固不可忽也至如闔國全族之於地理風氣其休戚之係甚重此不敢少忽也

語譯 대체로 도읍을 살피는 것과 마을을 골라내는 것은 그 지리와 풍기에 적당하게 좋은 것을 골라내야 되는 것이니, 대개 도읍을 정하여 살 곳을 점치는 것은 진실로 가히 소홀히 해서는 안 된다. 온 나라와 집안을 온전히 하는 것 같은 데에 이르러서도 지리와 바람 기운이 그 아름답고 슬픔에 관계됨이 심히 중요하니 이것은 감히 조금도 소홀히 해서는 안 된다.

原文 夫天之於物不能無厚薄卽其地而觀之則兆物莫不同浴仁天之恩分其地而言之則兆物之得地之肥瘠寒煖高下闊陿莫不有差是以物異南北人殊東西其盛衰榮枯

茂殘繁沒之勢不可以人力而左右之也何以知其然耶

語譯 대체로 하늘이 물건에 대해서 능히 두텁고 얇음이 없지 아니하니, 즉 땅으로서 이것을 본다면 억조 모든 만물들이 어진 하늘의 은혜를 똑같이 입고자 하지 아니함이 없으니, 그 땅을 나누어 말한다면 즉 모든 억조 만물이 땅의 비옥한 땅, 여윈 땅, 추운 땅, 찬 땅, 높은 땅, 낮은 땅, 넓은 땅, 좁은 땅을 얻음에 차이가 있지 아니함이 없도다. 이 때문에 물건은 남북이 다르고 사람은 동서가 다르며 성하고 쇠함과, 꽃이 피고 마름과, 무성함과 죽음과 번성하고 없어짐의 모습이 가히 써 사람의 힘으로써 이를 좌우할 수 없는 것이다. 무엇을 가지고 그러함을 아는가?

原文 夫耽羅之橘北渡則爲枳于山之桃越海則實矮湖南之竹嶺南之柿植之于北關*而不成咸興之梨咸從之栗移之于漢山*而味變

語譯 대체로 탐라(제주도)의 귤은 북으로 건너온즉 탱자가 되고, 우산(울릉도)의 복숭아는 바다를 건너온즉 알맹이가 작아지고, 호남의 대나무와 영남의 감은 심기를 함경도에 한다면 이뤄지지 않고, 함흥의 배와 함종의 밤은 한산(서울)에 옮겨 심으면 맛이 변하고,

註 北關(북관) : 함경도.
　　漢山(한산) : 서울.

原文 且夫城上之蕨葉掩屋簷架上之鼠體高於牛背蓬生麻中而不扶自直葛出松田而直聳千尋至如渡淮之橘周

原之菫荼莫不如是此皆物之因於得地之肥瘠寒煖高下
闊陿之適與不適幸與不幸而其稟得也各殊也

語譯 또 대체로 성 위의 고사리 잎은 지붕 처마를 덮고, 시렁 위의 쥐의 몸은 소등보다 높고, 쑥이 삼밭 가운데서 자라나면 붙들지 않고도 스스로 곧바로 자라고, 칡 덩쿨이 소나무 밭에서 나면 곧바로 천 길이나 솟을 수 있으니, 회수를 건너 온 귤과 같은 것과, 주원에서 나는 씀바귀들도 이와 같지 아니함이 없으니 이것은 물건들이 땅을 얻는 비옥함과 여윔, 추움과 따뜻함, 높고 낮음, 넓고 좁음에 알맞느냐 알맞지 않느냐에 달려 있으매, 행과 불행으로서 그 땅에서 받아 얻음이 각각 다른 것이었도다.

原文 昔者儵侲之地勁寒而不宜五穀民皆帶劍佩弓幷事
遊獵其民之生也艱險儉嗇麤健勁悍長於武風而不閒文
事

語譯 옛날에 숙진의 땅(만주 북쪽 우리 조상의 땅)은 단단하고 차서 오곡에 마땅하지 않아 백성들은 다 칼을 차고 활을 차고 아울러 돌아다니며 사냥을 일삼았으니, 그 백성들의 살아나가는 것이 어렵고 힘해서 검소하고 인색했으며, 성격이 거칠고 씩씩하며 굳세고 사나웠고, 무술에는 뛰어났으나 글 공부하는데는 겨를이 없었다.

原文 籃侯*之地廣闊乎蕪幷施耕牧兼習戎事其民兼剛柔
幷文武恒爲東國進攻之前驅靑丘之地風氣溫美五穀豐
登民皆衣輕暖而食肥美有冠帶衣屨天下之槪而卒溺於

華靡之弊

語譯 남후의 땅은 넓고 넓고 평평하고 풀이 우거진 땅이었으며 아울러 밭갈며 목축을 실시했고, 겸하여 융사(무술)도 익혔으니 그 백성들은 강하고 부드러움을 겸했고, 문과 무를 아울러서 항상 우리나라가 진격해 공격하는 앞잡이로 삼았고, 청구의 땅은 바람기운이 따뜻하고 아름다워서 오곡이 잘 자랐고, 백성들은 다 따뜻하고 가벼운 옷을 입었으며, 좋고 아름다운 음식을 먹고, 모자 쓰고 띠 두르고 옷 입고 신발 신는 풍속이 있어서, 천하가 다 감개했는데 마침내는 화려하고 아름다운 폐단(사치)에 빠지고 말았다.

註 籃侯(남후) : 중국의 산동반도.

原文 且夫雍州之地土厚水深山岳麤莊襟抱固密風氣勁屬則秦人居之其俗悍然有招八州而朝同列之氣迫近戎狄修習戰備競事射獵高上氣力於是猛將悍卒輩出乎其間乃延敵列國追亡逐北因利乘便宰割天下終至始皇之世振長策而馭宇內吞二周而亡諸侯制六合而鞭笞天下

語譯 또 저 옹주의 땅(중국땅)은 땅은 두껍고 물은 깊고, 산악은 거칠고 웅장했으며, 마음속이 굳고 치밀했고, 바람 기운이 굳세고 사나웠으니, 즉 진나라 사람이 살고 있었는데 그 풍속이 사나운 듯했고, 여덟 고을을 불러들여 같은 또래의 조회를 받는 기운이 있었고, 융적들과 가까이 있으면서 전쟁을 익히고 닦아서 준비하여 서로 활 쏘고 사냥하는 걸 경쟁하고 일삼아서 그 기력을 높이 올렸었도다. 이에 사나운 장수와 사나운 졸병들이 그 사이에서 많이 배출돼 나와서 이에 적으로

이어진 열국(여러 비슷한 자기또래 나라들)들을 좇아가 망하게 하고, 뒤쫓아 패배시키고, 이익에 따라서 편리함을 타고 천하를 쪼개어 가졌다가 끝내는 진시황에 이르러서 긴 계책을 떨쳐 우주안을 몰아서 동주 서주의 두 주를 삼켜 버리고, 제후들을 없애고 6합을 제압하여 천하를 제멋대로 벌주고 채찍질했도다.

原文 南郡百越北逐匈奴胡人不敢南下而牧馬士不敢彎弓而報怨

語譯 남쪽 고을 월남 나라까지 가고, 북으로는 흉노를 내쫓았으니, 호인(오랑캐)들이 감히 남쪽으로 내려와서 말과 군사들을 기르지 못했고, 감히 활을 쏘아 원망을 갚지 못했다.

原文 班固歎常爲天下之劇晦庵*推富强之業易興以江南之地原野底平江漢分瀉風氣散漫天産豊饒於是民資川澤山林之饒食魚稻果蓏蠃蛤之味食物常足不憂凍餓民生無艱優游自足則民皆啙窳媮生而亡積聚信巫鬼而重淫祠

語譯 반고(한서를 쓴 후한의 역사가)는 항상 천하가 병듦을 한탄했고, 회암(주자)은 부강의 업을 추진하여 쉽게 강남의 땅(남송)에서 일어났으니 언덕 들판은 낮고 평평하고, 양자강과 한수가 나누어 흘러내리며 바람 기운은 흩어져 어수선하고, 하늘이 생산해주는 것들이 풍부하고 배불렀다. 이에 백성들은 냇물, 연못, 산, 수풀의 넉넉함을 밑천삼아서 고기를 먹고 벼, 과일, 열매, 소라같은 등등의 맛을 먹을 수 있었으며 먹

는 물건들이 항상 풍족해서 얼어죽고 굶어죽는 것을 근심하지 아니했으니, 백성들의 사는 것은 어려움이 없어서 넉넉하게 스스로 만족하게 살다보니 즉 백성들은 다 게을러지고 삶을 즐기려고만 하여, 쌓고 모은 것이 없었으며 무당과 귀신을 믿으며, 음탕한 사당을 중히 여겼으니

註 晦庵(회암): 송대(宋代)의 학자인 주자(朱子)가 학문을 강론하던 서재(書齋) 이름. 지금의 복건성(福建省) 연양현(連陽縣) 서북쪽에 있음. 이로 인하여 후세사람들이 주자(朱子)를 회암(晦庵) 선생이라 부름.

原文 是以人皆輕儇放散勇而不勁歷觀漢籍曾無一人起於南方而制天下者是皆地理風氣之所以能陶冶感薰而人之所不能如何者也

語譯 이로써 사람들은 다 가벼운 잔꾀를 부렸고, 용맹을 흐트려뜨려서 굳세지 못했다. 차례대로 중국의 책을 살펴보건대 일찍이 한 사람도 남쪽 지방에서 일어나 가지고 천하를 제압한 자는 없었으니, 이것은 다 지리와 바람 기운이 능히 도야하고 감훈시키는 바로써 사람이 능히 어찌 할 수 없는 바로다.

原文 夫南方之濕熱北方之燥寒之太白崑崙之廣裹江河湖澤之渟流誰安得以變易而遷徙之哉

語譯 대체로 남방에서는 축축하고 더운 기운인데, 북방에서는 차고 건조한 것이, 태백산이며 곤륜산은 넓게 뻗히고, 양자강 황하와 호수와 연못들의 두꺼운 흐름을 누가 어찌 능히 변하고 바꾸면서 옮길 수가 있겠는가!

[原文] 余於天人之際固不敢長說余於地人之際恨其執定而不能左右之夫天下不幸之莫大於失地利也

[語譯] 나는 여기에서 사람과 하늘이 만날 때에 진실로 감히 길게 말할 수는 없고, 내 사람과 땅이 만나는 때에 있어서도 그 잡아 정하여 능히 이것을 좌우지 못하는 것을 한탄하노니, 대체로 천하의 불행은 땅의 이로움을 잃는 것보다 더 큰 것이 없도다.

[原文] 天下之物莫不具表裏本末之異天下之事莫不兼利害得失之雜故觀物者不可絞於表末而棄其裏本創事者不可拘於利得而忘其害失也

[語譯] 천하의 물건이란 겉과 속을 갖추지 아니함이 없고, 근본과 끝의 차이가 있지 아니함이 없고, 천하의 일은 이익과 해로움과 득실의 섞임을 겸하지 아니함이 없는 고로 물건을 보는 자는 겉과 속을 비교하여 그 속과 근본을 버려서는 안되고, 일을 처음 시작하는 사람이 가히 이득에만 얽매여 그 해가 되고 넓을 수 있다는 것을 잊어서는 안 되는 것이다.

[原文] 是以聖人明於天之道而察於民之故隨時觀變從便行宜而天下之事始全利得而絶害失

[語譯] 이 때문에 성인은 하늘의 도를 밝히고, 백성의 연고에 대해서 살펴서 때에 따라서 변화를 관찰하고, 편리함을 따라서 마땅함을 행하고 있으니 천하의 일이 비로소 이익과 얻음을 온전히 할 수가 있고, 해로

움과 잃는 것을 끊을 수가 있는 것이다.

原文 愚者膠守古法而不知變通以致其牽滯而家國以喪 拙者欒然捨長取短自以爲察而反致其殃此天下萬世之 欒也

語譯 어리석은 자는 옛날 법만 그대로 지키면서 상황에 따라 변화하지 않으면 안 된다는 것을 알지 못하여 그 꽉 막히는 것만 이루어 나라와 집이 망하게 되고, 졸렬한 자는 장점을 버리고 단점을 취해 스스로 살폈다 하며 도리어 재앙을 불러들이는 꼴이 되니, 이것은 천하 만세의 폐단이로다.

原文 夫應時順變明天道而籍物性者惟聖者能之天下豈 有權聖賢亘萬世而無索者耶

語譯 대체로 때에 응하고 변화에 따르며 천도를 밝혀서 물건의 성질을 왕성하게 할 자는 오직 성인이라야만 능할 수 있으나, 천하가 어찌 성현을 만세에 뻗치도록 쓸쓸함이 없게 함이 있겠는가!

原文 昔者太公始封周公問何以治齊太公曰擧賢而尙功 周公曰後世必有簒殺之臣其後二十九世齊爲強臣田和 所滅

語譯 옛날에 태공이 처음 봉해졌을 때에 주공이 묻기를, 무엇으로써 제 나라를 어떻게 다스릴 것인가? 했더니 태공이 말하길, 어진 이를 등

용하여 공을 숭상 하겠나이다 했더니 주공이 말하길, 후세에 반드시 임금을 죽이고 뺏는 신하가 있을 것이로다 했는데 과연, 그 후에 29世에 제나라는 강한 신하 전화에 의하여 소멸된 바가 되고 말았다.

原文 周公始封太公問何以治魯周公曰尊尊而親親而太公曰後世寢弱矣後魯自文公以後祿去公室政在大夫陵夷微弱遂爲楚所滅

語譯 주공이 처음 봉해졌을 때에 강태공이 묻기를, 무엇으로써 노나라를 다스릴 것인가? 했더니 주공이 말하길, 높은 사람을 높일 줄 알고, 친한 사람을 친할 줄 알게 하겠나이다 했더니, 태공이 말하길, 후세에는 점점 약해질 것이로다 했는데, 노나라는 문공으로부터 이후로는 나라의 정치가 임금 공실을 떠나서 정치는 대부에게 달려 있으면서 점점 무너지고 약해져서 드디어는 초나라에 멸망하고 말았도다.

原文 夫太公周公者世之所稱聖者也立業垂憲未嘗有差而末流之弊猶然如此況地殊其方人各厥族而互相對峙亘萬古爭雌雄而不知其極者株守陳古之法拘而不知變者安能向世間而求其勝也哉是故保其長而兼人之長者霸棄其長而用人之長者弱棄其長而用人之獎者亡何以知其然耶

語譯 대체로 강태공, 주공이란 사람들은 세상이 일컫는바 성인이었던 것이다.

나라를 세워 법을 드리워서 일찌기 어긋남이 있지 않았으나 말단 흐름의 폐단이 오히려 그렇게 된 것이 이와 같거늘, 하물며 땅이 다르고 그 사람들이 각각 그 겨레로써 서로서로 대치하고 만고에 뻗쳐서 자웅을 다투고 있으니 그 끝에 가서는 결국 그루터기를 지키는 것(하는일 없이 바라보고만 있어 노력이 없는 것)으로 묵은 옛 법에 구애되어 그 변화를 알지 못하고 있으니 어찌 능히 세간을 향하여 그 이길 것을 구하겠는가? 이런 고로 그 장점은 보호하고 남의 장점도 겸하여 갖는 사람은 이길 수 있으나, 자기 장점을 버리고서 남의 장점만 쓰는 자는 기운이 약해지고, 그 장점을 버리고 남의 나쁜 폐단만 쓰는 자는 망할 것이다. 무엇을 가지고 그런 것을 아느냐?

原文　昔者秦穆公問由余曰中國以詩書法度爲政然尚時亂今戎夷無此何以爲治由余笑曰比中國之所以亂也戎夷則不然上含淳德以遇其下下懷忠信以事其上

語譯　옛날에 진나라 목공이 유여란 사람에게 물어 말하기를, 중국은 서경, 시경과 법도를 가지고 정치를 하나 오히려 때로 난리만 나고, 지금 융이족들은 이런 것(시경, 서경, 법도)이 없는 데도 어찌 써 정치를 잘 다스려지는가? 하니, 유여가 웃으며 말하기를, 이것은 중국의 어지러운 까닭이요, 융이족들은 그렇지 않아 윗사람은 순한 덕을 머금고서 아랫사람을 만나고, 아랫사람은 충성과 믿음을 품고서 그 윗사람을 섬기고 있습니다.

原文　一國之政猶一身之治不知所以治此眞聖人之治也夫上淳德而崇簡樸者戎夷之所以爲强也用是而乘中國

之繁縟則勝用是而復學中國之繁縟則勞若舍是而專學
中國之繁縟則亡此固然之勢也何以知其然耶

語譯 한 나라의 정치란 한 몸을 다스림과 같아서 다스린 바를 알지 못
하는 것이 이것이 진실로 성인의 다스림이로다. 대체로 윗사람은 덕을
순히 하여 단순하고 소박한 것을 숭상하는 것은 융이족들의 강한 까닭
이로다. 이것을 쓰면서 중국의 번거롭고 까다로운 것을 버리면 좋은
것이고, 이것을 쓰면서 다시 중국의 번거롭고 까다로움을 다시 배우면
수고로움만 되고, 만약에 그것(자기 장점)을 버리고 중국의 까다롭고
번거로운 것만 오로지 배운다면 망하는 것이다. 이것은 진실로 그러한
모습이 되는 것이니 무엇으로 그러함을 알겠는가?

原文 昔者匈奴人衆不能當漢之一郡而能不失其强者用
其所長以撓其短也夫匈奴之地鉅野平沙風氣凄冷五穀
不熟草菜平蕪民皆家氈帳*跨鞍馬駞畜牧逐水草而遷徙
之乘中國之有釁則一時蜂聚蟻合彎弓橫槊背寒向溫剽
畧邊塞如勢頭不好則撤帳拔鍋携妻率子縱馬任適曾不
顧戀此其亘百世而爲中國之大蠹也

語譯 옛날에 흉노의 사람들이 아주 많았으나 능히 한나라의 한 고을
을 당할 수 없었는데 능히 그 강한 것을 잃지 아니했던 것은 그 장점을
쓰면서 그 단점을 버렸기 때문이다. 대체로 흉노의 땅은 큰 벌판과 평
평한 모래밭에 바람 기운은 차고 차서 오곡은 익지 않고 풀만 우거지
고, 평평한 들판이어서 백성들은 다 전장을 집으로 하고, 말 타고 걸터
앉아서 축목을 몰고 수초만 쫓아 옮겨 다녀 살고 있었고, 중국과 사이

가 벌어지는 틈만 나면 즉 한 때는 벌같이 모이고 개미떼 같이 합하여 활을 당기고 창을 비껴들고 추운 북쪽을 등지고 따뜻한 곳을 향하여 변방을 뺏고, 형세가 만약 좋지 않으면 다시 장막을 걷어치우고, 솥을 빼들고 아내를 끌고, 자식을 거느리면서 말을 따라 적당한 데로 가서, 일찍이 살던 곳을 그리워하며 돌아보지 않았으니 이것이 바로 백대에 걸치도록 중국의 큰 좀도둑이 되었던 것이다.

註 氈帳(전장) : 모전(毛氈)으로 만든 장막(帳幕), 또 이것을 쓰는 이적(夷狄)의 옥사(屋舍).

原文 及單于慕華美而妻漢妃變胡俗而嗜漢物舍旃裘之堅善而得漢繒絮以馳草棘中舍重酪之便美而得漢食物棄其簡樸而襲漢之繁縟

語譯 선우에 미쳐서 중국의 아름다움을 사모하여 중국여자를 아내로 삼고 자기네 풍속을 바꾸었고, 한나라 물건을 좋아하여 털옷으로 만든 갓옷의 단단하고 좋은 것을 다 버리고, 한나라의 비단 솜옷을 얻어 풀가시 나무덩쿨 가운데를 달리고, 좋은 소젖의 편하고 아름다운 것을 다 버리고서 중국의 먹는 물건들을 얻었고, 그 단순하고 소박한 것을 버리고, 한나라의 번거롭고 까다로운 것을 이어 받았도다.

原文 夫學于人者難得出藍之譽汲于流者只酌其餘波天下之舍己學人者不爲邯鄲*學步者鮮矣匈奴其無敗亡乎

語譯 대체로 남에게서 배우는 자는 선생보다 뛰어나는 칭찬을 얻기 어렵고, 흐르는 물을 긷는 자는 그 가장자리 물결에서 뜨게 되고, 천하에

서 자기를 버리고 남을 배우는 자는 조나라 서울 한단에서 걸음걸이를 배우는 자 되지 않는 자는 드물 것이다. 흉노가 그 패망함이 없겠는가?

註 邯鄲(한단) : 전국시대(戰國時代)의 조(趙)나라의 서울.

原文 雖然豈但匈奴而已哉昔者拓拔氏以胡羯之種入據幽燕承符秦之後而稱霸於中原

語譯 비록 그러나, 어찌 다만 흉노뿐이겠는가! 옛날에 척발씨는 호갈(중국 북쪽의 호족) 종자로써 유주, 연주 땅을 점거해 들어가서 부진의 뒤를 이어 중원에서 패권을 쥐었다 했다.

原文 太武帝始制叛逆殺人姦盜之法號令明白政事簡清於是南擊宋北逐柔然西定嚈噠*月氏波斯諸國威名振于當世

語譯 태무재 때에 비로소 반역, 사람을 죽이거나, 강간하거나 도둑질에 대한 법을 제정하여 호령을 명백하게 했고 정사도 맑고 간단하게 했다. 이에 남으로 송나라를 치고 북으로 유연을 내쫓고, 서쪽으로는 압달, 월씨, 파사 같은 여러 나라들을 평정하여 무섭다는 이름이 당시 세상에 떨쳤다.

註 嚈噠(엽달) : 흉노족으로 대월씨(大月氏)의 땅을 빼앗고 인도(印度)를 침략하여 한때 자못 강성하였으나 마침내 돌궐(突厥)에게 병탄(倂吞 : 아울러 삼킴. 남의 것을 빼앗아 합쳐 자기것으로 삼음)되었음.

原文 晉氏五胡之亂立國于中原者十六南北朝列國之興替不少而曾無若後魏之富强矣

語譯 진나라 말기 5호의 어지러움에 나라를 중국에 세운 것이 16이나 되었었으니, 남북조에 벌려진 나라가 일어나고 갈림이 적지 않았으나 일찍이 후위의 부강함만 같은 것은 없었다.

原文 及于孝文帝之出而乃發平城都洛陽改姓易服禁北俗之語立明堂設辟雍定樂章而飾華靡立堯舜禹周公孔子之祠而其國卒至敗滅

語譯 효문제(북위의 6대왕)가 나옴에 미쳐서 이에 평성을 떠나 낙양에 도읍하여 성을 고치고 옷도 바꾸고, 북쪽(만주)의 말도 버리고 명당을 세우고 벽옹(학교)도 만들고, 악장도 정하여 화미를 꾸몄고, 요, 순, 우, 주공, 공자의 사당을 세웠으니 그 나라가 끝내 패멸함에 이르렀다.

原文 夫此數事者豈本亡國之事而終不可學者耶余未嘗以爲然此特已舍其長而無存求學于人而未就只得其末流之病弊矣於是舊俗已泯而害毒方新夫奚暇救其敗沒浸散哉

語譯 대체로 이 여러 가지 일들은 어찌 나라를 망하게 하는 근본일로서 끝내 배우지 아니할 것인가? 내 일찍이 이것은 다만 그 장점을 버리고 보존하지 못하고, 남에게서 배움을 구하나 거기에 나아가지 못하고, 다만 말단 따위의 병폐를 얻은 것이로다. 이에 옛날 풍속은 이미

없어지고 해와 독만이 바야흐로 새로워진 것이다. 대체로 어느 겨를에 그 망가지고 없어지고 점점 흩어져 가는 것을 구하겠는가?

原文 女眞者肅愼之後也其古風泯滅雖不知書然猶有然天地敬親戚尊耆老接賓客信朋友禮意款曲皆出於古聖帝之垂訓賢侯之立敎也

語譯 여진이란 숙신의 후손이다. 그 옛날 풍속은 이미 없어지고 비록 책으로 알 수는 없으나 그러나, 오히려 하늘과 땅에 제사지내고, 친척을 공경하고, 늙은이를 우러르며, 빈객을 대접하고, 붕우들을 믿게 하는 것과, 예의가 아주 간곡했으니 다 옛날 성제께서 드리운 교훈과, 어진 임금들이 세운 가르침에서 나왔을 것이다.

原文 方其奮興於黑水之地也以一枝之師席捲遼滿越長城而屠汴京禽徽欽而北去叱孤主而南竄跨幽燕而鞭笞中原之士於是趙家君臣莫不輸誠納款稱臣呼侄苟乞殘喘秦檜韓胤之徒咸匍匐而獻媚此誠千古之快事而東方諸族之誇也

語譯 바야흐로 그 흑수의 땅(만주 흑룡강)에서 분발해 일어날 때에 한 갈래의 장수가 요동 만주를 석권하고, 만리장성을 넘어서 변경(개봉)을 함락하고 휘종과 흠종 두 임금을 사로잡아 북쪽으로 보냈고, 그리고 외로운 임금을 호령하여 남쪽으로 도망가게 하고, 유주 연주 땅을 차지하고서 중국 땅의 선비들을 종아리치고 볼기쳤으니 이에 조씨 집안(송나라)의 군신들이 정성을 보내고 정성을 드리지 아니함이 없었고,

신라를 칭하고 조카라 부르면서 진실로 나머지 목숨을 구걸했으니, 진회와 한윤의 무리들이 다 엉금엉금 기어서 아첨을 받쳤다. 이것은 진실로 천고의 오랜 세월 동안의 통쾌한 일로서 동방 여러 민족의 자랑거리로다(우리가 중국에 들어가 송나라를 항복 받은 얘기).

原文 雖然其獘在於急一時之利踵久壞之法及其中葉鄙遼儉樸襲宋繁縟之文懲宋寬柔加遼操切之政是棄二國之所長而併用其所短也於是繁縟勝而財用竭操切勝而民人害

語譯 비록 그러나, 이 폐단은, 한 때의 이익에만 몰두하다가 그것이 오래가서는 무너진다는 법에 있었다. 그 중엽에 미쳐서 만주 요나라의 검소하고 소박함을 천히 여기고, 송나라의 번거롭고 까다로운 문채만을 이어받으며, 송나라의 너그럽고 부드러운 것은 없애고, 요나라의 조급하게 서두르는 정치를 더 했으니, 이것은 두 나라의 장점은 버리고 단점들만 아울러 쓴 것이다. 이에 번거롭고 까다로움만이 날쳐 재산은 말라 버렸고, 조급하게 서두르는 일만이 날치다보니 백성들은 해가 되었다.

原文 夫國用匱民心離而金安得不亡乎噫天異候地殊勢國異俗人各技安有舍其能而不危者安有學乎人而易其性者耶

語譯 대체로 나라가 씀이 모자라게 되고, 백성의 마음은 떠나버렸으니, 금나라가 어찌 망하지 않겠는가? 아, 하늘은 기후가 다르고, 땅은

모습이 다르고, 나라는 풍속이 다르고, 사람은 재주가 각각이니 어찌 그 능함을 버리는데 위태하지 않음이 있겠으며, 어찌 남에게 배워가지고 그 성품을 바꿈이 있어야겠는가?

原文 余於是乎歎造翁之於物也不能無厚薄而君師之於政也不可不三思之也

語譯 나는 이에 한탄하노니, 조물주는 모든 만물에 대해서 능히 두텁고 얇게함이 없지 아니했고, 임금이나 스승은 정치에 있어서는 가히 세 번 생각하지 아니할 수 없는 것이로다.

原文 今夫愛親氏者赫圖阿羅之人也其先遠出於儵侲之後其民多承句麗渤海之衆是爲舊檀氏之遺裔庶可斷焉

語譯 지금 대체로 애친 씨는 혁도 아라사람으로 그 조상은 멀리 숙진의 후손에서 나온 것이다. 그 백성들은 많이 고구려와 발해의 사람들을 이어받았으나 이것은 옛날 단씨(단군)의 후손이 된다는 것을 거의 가히 단언할 수 있도다.

原文 而今夫人囂囂然以小華自耀肯認滿洲而爲親乎彼等之於女眞己以蠻胡斥之其於滿洲寧怪其罵斥耶且彼等之與朝鮮角立者已尙矣而與諸胡相混者久矣其勢安能復合而悔其久分耶此不必長說也

語譯 그런데 지금 대체로 사람들은 떠들썩하면서 작은 중국으로써 스

스로 자랑삼아 인정하고 있으니 만주와 더불어 친할 수 있겠는가? 저 사람들은 여진족을 이미 만주 오랑캐들로 물리치고 있으니 그 만주에 대해서 꾸짖고 물리치는 것을 어찌 괴상히 여기겠는가? 또한 저들은 조선과 더불어 대립해 온 것이 이미 오래 되었고, 여러 호족들과 더불어 서로 섞인 것이 오래 되었으니, 그 모습이 어찌 능히 다시 합하여 오래 나뉘었음을 후회하겠는가. 이것은 반드시 길게 얘기할 필요가 없는 것이다

原文 至如太祖努爾哈赤蹶然奮興於建州之地率八旗之師而席卷滿洲創金汗國而虎視東西乘明朝之衰而奪遼東因流賊之亂而奄據幽燕於是下辮髮之令立國史之舘禽永明而掃淸海內服諸汗而倂呑漢北其政令之所出八旗之所向更無堅城强壁矣

語譯 태조 누루하치 같은데 이르르면 건주(만주 길림)의 땅에서 갑자기 일어나서 분내어 팔기의 군대를 거느리고, 만주를 석권하고 금한국을 만들어서 호시탐탐 동서를 노려보다가 명나라가 쇠약해짐을 타서 요동을 뺏고 돌아다니는 도적의 난리를 통해서 유주와 연주(북경)를 점거하고, 이에 변발령을 내리고 국사관을 세우며, 영명(명나라 마지막 임금)을 사로잡아서 국경 안을 전부 청소해 버리고, 여러 제후 임금들을 복속시켜서 사막 북쪽을 모조리 합쳐 버렸으니 그 정치의 명령이 나오는 곳과 8기병이 향하는 곳에는 다시 굳은 성과 강한 벽은 없었던 것이다.

原文 處處蜂起復明之志士曾不幾何而摧敗盖自有史以來塞外諸族入帝漢土者未有若此之强且盛者

[語譯] 곳곳에서 벌떼같이 일어나서 명나라를 회복하려는 뜻있는 선비들이, 일찍이 얼마 아니 되어 모두 꺾여 망가졌으니, 대개 역사가 있은 이래로 변방 밖 여러 민족들이 중국 땅에 쳐들어가 이와 같이 강하고 왕성한 것은 있지 않았다.

[原文] 我國之士雖日夜以南漢之恥切齒以區區東援壬辰之誼欲向明而圖報然百年之內余保其必無是事矣

[語譯] 우리나라의 선비들은 비록 밤낮으로 남한산성의 부끄러움을 가지고 이를 갈면서 신통치 않게 동쪽을 구원해 준 임진년 임진왜란의 정의 때문에 명나라를 향하여 은혜를 갚고자 했으나, 그러나, 100년 안에 반드시 이러한 일은 없을 것임을 보장하겠도다.

[原文] 夫區區鴨水以南數千里之地衆寡之數已自懸絶而又自却女眞以爲胡斥滿洲以爲虜東控于倭西戀于明民復奚暇能養其力哉然則淸之勢威可謂猛矣

[語譯] 대체로 조그마한 압록강 이남의 수천 리 땅으로 많고 적은 숫자가 이미 스스로 현격히 차이가 나고 있는데, 또 스스로 여진을 오랑캐라 하여 물리치고 만주도 오랑캐라 하고 물리치며, 동쪽으로 왜를 버리고 서쪽으로 명나라만 그리워하고 있으니 백성들은 다시 어느 겨를에 능히 그 힘을 키울 수 있겠는가? 그런즉 우리를 향한 청나라의 세력은 위세가 가히 무섭다고 말할 수 있도다.

[原文] 然而其後孫若至於慕漢俗而棄其本操漢語而賊其

詞后吳姬而嬪越女驅八旗之兵而事田獵紹堯舜之道而演其說飫膏粱而飽華靡則嚶嚶漢土好說之士皆聒聒然以師傅自傲夷狄鄙之群起而戮滿胡復孰能禦之哉不出數百年清必亡於善聒之士也

語譯 그런데 그 후손들이 만약에 중국 풍속만을 사모하는 데 이르르고, 그 근본은 버려서 중국말을 가지고 그 말로 글을 쓰며, 오나라 여자를 아내로 삼고 월나라 여자를 첩으로 삼아, 팔기병을 몰아서 전렵(사냥)이나 일삼으며, 요순의 도를 이어서 그 말만을 이어가고 기름진 곡식만 먹고 화려하고 아름다운 것에만 배불러서 울어대는, 중국땅의 말 잘하는 선비들이 다 떠들썩하며 스승으로써 스스로 자만하여 이적(우리나라 사람)을 낮게 여기며 뭇 사람들이 들고 일어나 만주의 호족을 죽인다면 다시 누가 능히 막아낼 수 있겠는가?

　수백년 지나지 않아서 청나라는 반드시 잘 떠드는 선비들에 의해 망할 것이다.

原文 若天假余以再生使置數百年之後則余可服東服而操淸語跨駟馬而說淸帝談同祖陳利害與朝鮮併據遼滿幽營之地北誘野人而爲前驅東聯倭而使撓其南鄙

語譯 만약에 하늘이 나에게 다시 태어날 것을 빌려주어서 하여금 수백년 뒤에 나를 태어나게 한다면, 즉 내가 가히 우리나라 옷을 입고 청나라 말을 할 것이며, 네 마리 말을 타고서 청나라 임금을 달래어 같은 조상이라는 것을 말하며, 이해관계를 베풀어서 조선과 더불어 나란히 요동과 만주벌판과, 유주와 영주의 땅을 차지하고 북으로 야인들을 달래서 앞잡이로 삼고 동으로 일본(왜)과 연합하여 하여금 그 남쪽 마을

들을 흔들 것이다.

原文 夫然後朝鮮之强可復而漢之慢可挫矣不然者今朝鮮之勢滔滔日下只管虛弱而不思奮勵不出數百年朝鮮必復敗於强鄰矣頹然孰能支之乎

語譯 대체로 그렇게 한 연후에야 조선의 강한 것은 회복되어서 한나라의 거만함을 가히 꺾을 수 있다. 그렇게 하지 않으면 지금 조선의 형편은 날마다 날로 떨어져서 다만 허약해져 노력하여 힘써 할 것을 생각지 아니하니 수 백년 나가지 못해서 조선은 반드시 강한 이웃에게 다시 망하고 말 것이다. 무너져가는 것을 누가 능히 지탱하겠는가?

原文 余嘗論之强國之要有三一曰地廣而物博二曰人衆而合三曰恒守其性而不失其長此所謂地利人和及保性也而朝鮮則得地利而不全失人和而亡其性此萬世之患也

語譯 내 일찍이 말하건대, 강한 나라의 요점은 세 가지가 있다 했는데, 첫째는, 땅이 넓고 물자가 많은 것, 둘째는, 사람이 많고 합심하는것, 셋째는, 항상 본성을 지키고 그 장점을 잃지 않는 것이니 이것이 이른바 땅이 이롭고, 사람이 화합하고, 본래의 성품을 보존한다는 것인데, 그러나 조선은 땅의 이로움을 얻었으면서도 온전하지 못하고, 사람들끼리 화합함을 잃고서 그 성품도 없애고 있으니 이것이 만세의 근심이로다.

原文 何謂得地利而不全夫朝鮮地北連大荒則凍天氷地斷我後退之路西接蒙古而萬里流沙斷我左展之臂西南隣漢土而無泰岳峻峙長江大河之限則其勢易於進攻難於防守東南阻大海而無前進一步之士

語譯 무엇을 가지고 땅의 이로움을 얻었으나 온전하지 못하다고 하는가? 대체로 우리 조선의 땅은 북으로 큰 만주벌판과 접해 있어서 언 하늘(시베리아)과 얼음땅(동토)이 우리의 뒤로 물러갈 길을 막고 있고, 서쪽으로는 몽고와 접해 만리나 뻗친 사막으로 우리의 왼쪽으로 펼쳐질 어깨를 끊고 있고, 서남쪽으로는 중국 땅과 인접하여 높은 산, 높은 고개, 긴 강, 큰 물의 끝이 없으니 즉 그 모습은 쳐들어가는 데는 쉬우나 방비하고 지키는 데는 어렵게 되어있고, 동남쪽으로는 큰 바다에 막혀서 앞으로 한걸음도 나갈 수 없다.

原文 且漢人者盤據萬里金湯之地容百族以爲衆蓄布粟以爲富鍊百萬之師而以爲强則恒涉野跨海以侵西鄙時有倔强桀驁者蹶起於北方則爲後顧之慮必來刦攻

語譯 또한 중국 사람들은 만리의 금탕의 땅을 차지해서 여러 민족들을 용납해 무리를 이루고, 베와 곡식을 쌓아놓고 부자가 되었고, 백만의 군대를 훈련시켜서 강한 나라가 되었은 즉 항상 들을 건너고 바다를 걸터앉아 서쪽 마을을 침범할 수가 있으니, 때로 강하고 걸출하고 거만한 자가 북방에서 궐기를 함이 있은 즉 뒤를 돌아다보는 생각을 해서 반드시 와서 겁탈과 공격을 하고,

原文 倭海洋萬里各據島嶼有事則以易自保無事則順風駕帆任志來寇譬如床下之蝱*恒致其苦

語譯 왜는 바다와 바다가 만리에 뻗쳐서 각각 섬과 섬들을 차지하고 있어서, 일이 있은즉 쉽게 스스로 보존하고, 일이 없은 즉, 순풍에 돛을 달고 마음 내키는 대로 공격해온다. 이를 비유컨대, 상 밑에 붙어있는 등에가 움츠렸다가 나오는 것과 같은 이치라 할 수 있다.

註 蝱(맹): 등에. 파리같이 생김.

原文 若我掌强而無衰則可抑漢士而郡其地斥倭寇而鎖其海可號令天下囊括宇內也若我勢一弱則敵騎長驅踩躪國虜掠吏民焚燒閭里此所謂得地利而不全者也

語譯 만약에 우리가 항상 강하고서 쇠약하지 않는다면 중국 선비와 그 고을들을 물리칠 수 있을 것이며, 왜구를 무찔러 바다를 봉쇄하고 천하를 호령하여 이 세상을 다 가질 수 있을 것이라. 우리가 만약 세력이 한 번 약해지면 적이 침입해서 나라를 짓밟고 백성을 포로로 잡고 마을을 불태울 것이다. 이것이 바로 땅의 잇점은 얻고서도 온전하지 못한 것이다.

原文 昔者蚩尤氏卽帝位於涿鹿屹達陳兵於邠岐藍侯建四侯於殷地奄薄姑王誘三監而唆武庚幾撓周室徐偃王抑宗周而王潢池之東朝三十六國後世遼金淸者皆起於舊朝鮮地而有中原

語譯 옛날에 치우씨가 즉 탁록에서 제위에 오르고, 흘달임금(단군)은 중국의 빈과 기땅에 군대를 진격시켰고, 남후는 은나라 땅에다 4제후를 세웠고, 엄박고 왕은 삼감을 꾀어서 무경(은나라 주왕의 아들)을 달래서 거의 주나라 왕실을 흔들었고, 서언왕(우리나라 사람으로 중국 회대땅에 서국을 세움)은 주나라를 억압하여 왕노릇하면서 황지의 동쪽 36나라를 조회받았(거느렸)으니 후세에 요, 금, 청나라란 것은 다 옛날 조선 땅에서 일어나 가지고 중원을 차지했다.

原文 高句麗之方盛也强兵百萬南擊吳越北挑幽燕齋魯恒虎威於漢方百濟則跨渤海而略遼西晉平越草海而占越洲新羅則鯨濤萬里陳雄兵於明石刑白馬而盟赤關此皆我强而易於攻彼是得地利也

語譯 고구려가 바야흐로 왕성할 때에는 강한 군대 백만이 남쪽으로 오월을 쳤고, 북으로 유주, 연주, 제나라, 노나라 등을 도륙하여 항상 호랑이같이 한나라 지방을 위협했고, 백제는 즉 발해를 걸터 앉아서 요서땅과 진평땅을 노략질하고 초해를 건너서 월주를 점령했었고, 신라는 즉 만리 바다를 파도쳐서 명석(지명)에까지 큰 군대를 주둔시켰었고, 백말을 잡아서 적관에서 맹세하니 이것은 다 우리 나라가 강해져 가지고 적을 공격하는데 쉬웠으니 이것은 바로 땅의 이로움을 얻은 것이었다.

原文 若夫檀氏之世有獫狁之寇列國之時箕氏蒙東胡之侵丸都焚蕩后妃被虜平壤敗浸而公侯世族及士民之被掠者二十八萬黃山將殞泗沘城陷白馬江頭胡馬爭嘶落

花岩畔芳魂亂飄

語譯 대체로 단씨의 세상 같은 때에는 알류의 도적이 있었고, 열국시대에도 기자가 동호의 침범을 입어서 환도성이 불타버렸고, 후비(왕후 및 궁녀)와 왕자들이 포로로 잡혀 갔고, 평양이 패하여 망가졌으니 공후 세력들과 사민들로서 약탈을 입은 자들이 28만 명이나 되었고, 황산에서 장수(계백장군)가 죽었고, 사비성이 떨어지매 백마강 머리에서 중국말이 다투어 울고, 낙화암 언덕에서는 꽃다운 혼이 어지럽게 날려 떨어졌다.

原文 忽汗之滅而渤海之民放散四處雖謀復圖興數百餘年而終致其殘滅夫勝朝以後累百年間事誰肯赧顔而過問哉

語譯 홀한이 망할 때에 발해의 백성들이 사방으로 흩어져 도망갔으니 비록 나라를 다시 회복하려고 도모하는 것이 수백여 년이나 되었으나 끝내는 그 잔멸을 이루고 말았다. 대체로 지나간 조정(고려 때) 이후로 수백 년간의 일을 누가 즐겨 빨간 얼굴로 묻겠느냐.

原文 降至壬辰之役而八域魚肉丙子之禍而州里蕭然況今世之人溺於虛文閒於衰弱棄其道而咀宋儒之餘唾貶其君而比外邦之臣僕

語譯 내려와서 임진의 일에 이르르면 팔도강산이 고기 썩은 것같이 문드러졌고, 병자의 화는 우리나라 각주 마을마다 쓸쓸해졌으며, 하물

며 오늘날 세상 사람은 허황된 글(한문)에 빠져 있고, 쇠약한데서 한가하여 그 도를 버리고, 송나라 선비(주자학)의 찌꺼기 침만을 핥고 있으며, 자기의 임금을 깎아 내리면서 외국의 신하나 종으로 비유하고 있었다.

原文 蓋歷觀近世之往事傍察今代之趨勢舍大猷而謀小慾擲公戰而圖私益蠹公室以循其家漁細民以肥其腹而以區區零瑣之事懁懁然醉中談夢蝸角爭勝滔滔之勢日下而不振已無我力而謀賴於人比勢已孤弱而倂亡其本性也後世若有强鄰者代淸而興則必脅其主而誘其臣郡其地而隸其民矣

語譯 대개 근래의 지나간 일들을 차례로 살펴보고, 따라서 오늘날 세대의 쫓아나가는 형편의 모습을 살펴보니, 큰 꾀는 버리고 작은 욕심만 도모하고, 공적으로 싸우는 건 내던지고 사사로운 이익만을 도모하며 공실(조정)을 좀먹으면서 자기 집만을 생각하고, 가난한 백성들을 도둑질함으로써 자기 배만을 불리며, 째째한 형편없는 일들만 가지고 사라져 없어지듯이 술 먹고 취한 가운데서 꿈 이야기만 하고 있고, 조그마한 달팽이 뿔에서 서로 싸우고 다투고 이기려고만 하니, 저 출렁출렁 무섭게 흘러가던 모습은 날로 떨어져서 떨치질 못하면서, 이미 우리의 힘은 없어졌고 남에게만 의지하려 도모하고 있구나. 이 세력은 이미 외로워지고 약해져서 아울러 그 본성을 조선이라는 것을 잊어버리고 있으니 뒷세상에 만약 강한 이웃이 생겨나서 청나라를 대신해서 일어난다면 즉 반드시 그 임금을 협박하여 그 신하를 꾀어서 그 땅을 자기네 땅으로 만들고, 그 백성을 노예로 삼을 것이로다.

原文 今日之所以溺於安逸而茫然無爲者豈非後日呼飢叫寒之因耶余之所謂不出數百年而必爲强鄰所敗者豈矯激之語耶噫昔者檀儉之肇基之業也以無爲爲道以寧靜爲行扶善滅惡入孝出忠此誠萬世聖之訓也

語譯 오늘날의 편안하고 편안한데로 빠지고, 정신없이 하는 것이 없는 사람은 어찌 후일에 가서 배고픔을 부르짖고 추움을 부르짖는 원인이 되지 않겠는가. 내가 말하는바, 몇 백 년 나가지 않아서 반드시 강한 이웃에게 패망하고 말 것이니 어찌 내가 교만하고 과격한 말을 하는 것이겠는가. 아! 슬프다. 옛날에 단검께서 처음으로 나라의 기초를 닦고 함이 없는 것으로 도를 삼아 편안하고 고요함으로써 실행을 했었고, 선을 잡아주고 악을 멸했으며, 들어가면 효도하고 나가면 충성하게 했으니, 이것은 진실로 만세에 성스러운 가르침이었도다.

原文 雖然後屬疎遠而益相分風土互殊而別其業且膠守陳法而不知應變遠事進攻以求攘拓而其功不得永固歷檀氏千數百年之隆運而已作列國分治之勢於是人和已失而地利亦去

語譯 비록 그러나, 뒤에 올수록 점점 성기어지고 멀어져서 더욱 서로 나뉘어졌으며 바람과 땅의 조건들이 서로 달라지매 그 생업들도 달라졌고, 또 옛날 것을 그대로 융통성 없이 지켜만 나가면서, 그 때 그 때 변화에 응할 줄을 알지 못하고, 먼 것을 섬기고 가까운 것을 쳐서 물리치고 물리치는걸 구했으니, 그 일은 능히 오래 단단하게 유지될 수가 없었던 것이라. 단군왕검 세상의 천 수백 년의 큰 운을 지나서 이미 여

러 나라로 벌려져서 나누어 다스리는 세력이 일어나게 되니 이에 사람의 인화는 이미 잃고, 땅의 이로움도 또한 멀어진 것이다.

原文 雖三國與渤海者得振古威以光我國而其後無足可聞者況金庾信與太宗王恨麗濟之交攻憤國威之不揚乃誘唐兵而滅其同族奉封策而辱其祖宗實爲萬世之開醜

語譯 비록 3국(고구려, 백제, 신라)과 발해라는 것이 능히 옛날의 위엄을 떨쳐서 우리나라를 빛내긴 했으나, 그 후에 족히 가히 들을 만한 말이 없었고 하물며 김유신은 태종 왕과 더불어 고구려, 백제가 서로 침공하는 것을 한탄하여 나라의 위엄을 떨치지 못하는 것을 분히 여기고 이에 당나라 군대를 끌여들여 그 같은 민족을 멸망했고, 봉책을 받들어 그 조종을 욕보였으니 실로 만세에 추함을 열어 놓은 것이 되고 말았도다(이 때부터 중국의 당나라가 우리나라를 도와준 것이 고마워 당나라에게 고맙다는 인사를 하러 다니기 시작하면서 우리나라의 기개는 꺾여지기 시작했다).

原文 夫羽翼折則鵬失扶搖之勢脣已亡則齒不免凍寒矣新羅旣引敵國而戕同族棄祖宗之士而不能復

語譯 대체로 날개가 꺾이면 봉황새는 부요를 나는 세력을 잃게 되고, 입술이 이미 망하면 즉 이가 얼고 추운 것을 면할 수가 없다. 신라가 이미 적국을 끌어다가 동족을 해치고 조종의 땅(만주)을 버려서 다시는 회복하지를 못했도다.

原文 夫內讎其親外親讎敵而能無孤弱則天下之人亦可倒行逆施而無所駿也割股充腸而無所餒也造翁豈有如斯非理耶

語譯 대체로 안으로 어버이(친척)를 원수로 만들고, 밖으로 원수와 적을 친하며 능히 외롭고 약해짐이 없다면 즉, 천하의 사람이 또한 가히 거꾸로 역행하여 베풂에 어리석은 바가 없을 것이요, 다리를 잘라 창자를 채워서 배고픈 바 없게 되니 조물주에게 어찌 이와 같은 비리가 있겠는가(이치 아님을 하겠는가).

原文 宇宙之內蒼茫之外果有一大精靈貫流周包而推運之者耶造翁之生人也欲其養善滅惡以率萬物者耶體質之外果有精靈能扶善滅惡通性完功則身固有死而靈可以朝天入神鄕耶

語譯 우주의 안과 아득하고 푸른 바깥에 과연 하나의 큰 정령이 있어 이 흐름을 꿰뚫고 두루두루 감싸서 미루어 움직이는 자가 있는가? 조물주가 사람을 태어나게 할 때에 그 착한 사람을 기르고 악한 사람을 멸함으로써 만물을 거느리고자 했던 것인가? 체질 밖에 과연 정령이 있으며, 능히 선을 붙들고 악을 멸하고, 성품을 통하고 일을 완성한다면 즉, 몸은 진실로 죽음이 있고, 영은 가히 써 하늘에 올라가서 귀신의 고향으로 들어간단 말인가?

原文 人之於生也只可安分樂道忍辛耐苦而無怨則足耶

存性養志行善而不怠使得俯仰無怨則雖死而無餘亦足耶吁嘻噫此數事者豈可以易爲言哉

語譯 사람이 태어날 때에 다만 가히 분수에 편안하고 도를 즐기고, 쓴 것은 참고 괴로움은 견디면서 원망이 없다면 족하겠는가? 자기 성품을 보존하고 뜻을 키우면서 선을 행하고 게으르지 아니하여, 하여금 구부리거나 우러르거나 부끄러움이 없게 한다면 즉 비록 죽는다 하더라도 남음이 없이 또한 만족할 수 있겠는가? 아! 이 여러 가지 얘기가 어찌 가히 써 쉽게 말할 수 있는 것이겠는가.

原文 余誇爲東夷之人可對天下而無愧乎余歎上古之武勇而今世之人皆可不勞戈戟東斥西壤使國復置於富強之域耶

語譯 나는 동이 사람이 된 것을 자랑하며 가히 천하를 상대하여 부끄러움이 없는 것이로다. 내 상고시대의 무술과 용기를 감탄하지만, 오늘의 세상 사람들은 다 가히 수고롭게 창과 창을 써서 동으로 물리치고 서쪽으로 물리치면서 하여금 나라를 다시 부강한 지역으로 만들지는 못하겠는가?

原文 吁嘻噫此數事者今雖弊其舌而說之乃算死兒之齡而已也亦復何大益之有夫幸不偏技無專民物不可無危難而家國之興亡翻覆無常今朝鮮之不幸是亦將幸之端歟余觀夫人心之分裂民氣之銷沈而不能不投筆長歎也

嗟桓因乎嗟因乎今片區震域一脈遺民其將奚爲其將奚
爲

語譯 아! 이 여러 가지 일들은 지금 비록 그 혓바닥이 닳도록 내가 말한다 하더라도 곧 죽은 아이의 나이를 세는 것 뿐이니 또한 다시 무슨 이익이 있겠는가? 대체로 행복이란 한 쪽으로 치우치지 아니하고, 재주도 어떠한 백성에게만 오로지 주는 것이 아니며, 물건이란 가히 위험하고 어렵지 아니함이 없으니, 나라의 흥하고 망하는 것과, 뒤집히고 자빠지는 것도 일정하지 아니하다. 지금 조선의 불행은 이 또한 장차 행복의 단서가 아니겠는가? 지금 내가 보건대, 대체로 사람의 마음이 나뉘고 찢어지고, 백성의 기운이 사라지며 가라앉고 있으니 능히 붓을 던지고 길게 탄식하지 아니할 수가 없도다. 아, 환인이시여! 아, 환인이시여! 지금 이 한 조각 조그만 땅 동쪽지역의 한줄기 남은 백성은 그 장차 어찌 어찌하오리까? 그 장차 어찌하오리까?

부록 | 신시역대기

환웅천왕은 배달환웅이라고도 하며, 그 도읍한 곳을 신시라고 한다. 뒤에 청구국으로 옮겨 18세 1565년을 누렸다.

- 1세를 환웅(桓雄)천황이라 하며 또 거발환(居發桓)이라 하니 재위 94년에 120세까지 사셨다. 거발환은 커발환 곧 대단군을 뜻한다고 전해 왔다. '커'자는 크다는 뜻이고 '발'을 밝으로 해석한다면 군이 단이 아니라 환으로 이어지니 환웅의 뜻이며, '환'은 몽고어나 우리말의 옛말에 임금·군장의 뜻으로 썼으니 군의 해설에 이의는 없다. 그러므로 대단군이 아니라 대환웅천왕의 뜻이 맞다고 본다. 거발환만이 아니라 환웅천왕의 왕호들이 모두 이와 같은 고대 이두로 쓰여진 것이어서 이를 함부로 해설함은 금물이다. 지금은 다만 그대로 두고 전할 뿐, 이를 해설하려 함은 어리석은 만용일 뿐이다.
- 2세는 거불리(居弗理)환웅이니 재위 86년에 102세까지 사셨다.
- 3세는 우야고(右耶古)환웅이니 재위 99년에 135세까지 사셨다.
- 4세는 모사라(慕士羅)환웅이니 재위 107년에 129세까지 사셨다.
- 5세는 태우의(太虞儀)환웅이니 재위 93년에 115세까지 사셨다. 『참전개경』에는 고구려 재상인 을파소가 지은 책인데 그 책 총론엔 「태호자는 태우환웅지자야」라는 대목이 있으니, 즉 태호복희씨는 태우의환웅의 아들이란 뜻으로 보는 게 맞을 듯 싶다. 태호는 기원전 3528~3413년의 인물로서 그의 수가 115년인데 태우의환웅의 수도 115년으로 똑같다. 그러나 아버지의 수와 아들의 수가 같다고 하여 이상하게 볼 필요는 없을 것 같다.
- 6세는 다의발(多儀發)환웅이니 재위 98년에 110세까지 사셨다. 『참전개경』에 의하면, 또 확실히 증명할 순 없으나 그 당시에 부자상속제가 있었다면 다의발환웅은 태호복희씨에 해당되며 기원전 3528~3413년의 임금이 된다.
- 7세는 거련(居連)환웅이니 재위 81년에 140세까지 사셨다.

- 8세는 안부련(安夫連)환웅이니 재위 73년에 94세까지 사셨다.
- 9세는 양운(養雲)환웅이니 재위 96년에 139세까지 사셨다.
- 10세는 갈고(葛古)환웅 또는 독로한(瀆盧韓)이라 하니 재위 100년에 125세까지 사셨다.
- 11세는 거야발(居耶發)환웅이니 재위 92년에 149세까지 사셨다.
- 12세는 주무신(州武愼)환웅이니 재위 105년에 123세까지 사셨다.
- 13세는 사와라(斯瓦羅)환웅이니 재위 67년에 100세까지 사셨다.
- 14세는 자오지(慈烏支)환웅인데 세상에서는 치우천왕이라 하며 청구국으로 도읍을 옮겨서 재위 109년에 151세까지 사셨다. 자오지환웅은 치우천왕의 왕호이다. 그의 재위가 109년이요 수가 151세라 하나 치우국은 서장에서 800년 동안 계속되었다고 주장하는 학자도 있다.
- 15세는 치액특(蚩額特)환웅이니 재위 89년에 118세까지 사셨다. 치우의 아들 또는 친족인 것 같다. 그러나 당시 부자의 왕위상속제가 있었다고 단정하기는 매우 어려운 일이다.
- 16세는 축다리(祝多利)환웅이니 재위 5년에 99세까지 사셨다.
- 17세는 혁다세(赫多世)환웅이니 재위 72년에 97세까지 사셨다.
- 18세는 거불단(居佛檀)환웅 혹은 단웅이라 하는데 재위 48년에 82세까지 사셨다. 단군의 아버지일 것으로 생각된다.

부록 | 단군조선 시대의 역대 임금

47대 단군 1205년간 지속되었던 고조선의 역대 단군은 다음과 같다.
( )안의 숫자는 재위기간과 재위 원년이다.

1세　단군 왕검(王儉, 93, B.C. 2,333)
2세　부루 단군(扶婁, 34, B.C. 2,240)
3세　가륵 단군(嘉勒, 51, B.C. 2,206)
4세　오사 단군(烏斯, 49, B.C. 2,155)
5세　구을 단군(丘乙, 35, B.C. 2,106)
6세　달문 단군(達門, 32, B.C. 2,071)
7세　한율 단군(翰栗, 25, B.C. 2,039)
8세　우서한 단군(于西翰, 57, B.C. 2,014)
9세　아술 단군(阿述, 28, B.C. 1,957)
10세　노을 단군(魯乙, 23, B.C. 1,929)
11세　도해 단군(道奚, 36, B.C. 1,906)
12세　아한 단군(阿漢, 27, B.C. 1,870)
13세　흘달 단군(屹達, 43, B.C. 1,843)
14세　고불 단군(古弗, 29, B.C. 1,800)
15세　벌음 단군(伐音, 32, B.C. 1,771)
16세　위나 단군(尉那, 18, B.C. 1,738)
17세　여을 단군(余乙, 63, B.C. 1,720)
18세　동엄 단군(冬奄, 20, B.C. 1,657)
19세　구모소 단군(緱牟蘇, 25, B.C. 1,637)
20세　고홀 단군(固忽, 11, B.C. 1,612)
21세　소태 단군(蘇台, 33, B.C. 1,601)
22세　색불루 단군(索弗婁, 17, B.C. 1,568)
23세　아물 단군(阿勿, 19, B.C. 1,551)
24세　연나 단군(延那, 13, B.C. 1,532)

25세 솔나 단군(率那, 16, B.C. 1,519)
26세 추로 단군(鄒魯, 9, B.C. 1,503)
27세 두밀 단군(豆密, 45, B.C. 1494)
28세 해모 단군(奚牟, 22, B.C. 1449)
29세 마휴 단군(摩休, 39 B.C. 1427)
30세 나휴 단군(奈休, 53, B.C. 1418)
31세 등올 단군(登屼, 6, B.C. 1365)
32세 추밀 단군(鄒密, 8, B.C. 1359)
33세 감물 단군(甘物, 9, B.C. 1351)
34세 오루문 단군(奧婁門, 20, B.C. 1342)
35세 사벌 단군(沙伐, 11, B.C. 1322)
36세 매륵 단군(買勒, 18, B.C. 1311)
37세 마물 단군(麻勿, 8, B.C. 1293)
38세 다물 단군(多勿, 45, B.C. 1285)
39세 두홀 단군(豆忽, 28, B.C. 1266)
40세 달음 단군(達音, 14, B.C. 1238)
41세 음차 단군(音次, 19, B.C. 1224)
42세 을우지 단군(乙于支, 9, B.C. 1205)
43세 물리 단군(勿理, 15, B.C. 1196)
44세 구홀 단군(丘忽, 7, B.C. 1181)
45세 여루 단군(余婁, 5, B.C. 1174)
46세 보을 단군(普乙, 11, B.C. 1169)
47세 고열가 단군(高列加, 30, B.C. 1158)
(1128)까지 1205년간이다.

* 위의 연대표는 이 책의 기록을 참고하여 정리한 것으로 역대 임금의 재위기간은 1205년이다.

靑潭 閔永順

- 成均館大 儒學大學院 儒敎經典學 專攻
- 全南大 大學院 文化財學科 卒業 (文化財學 博士)
- 如初 金膺顯 先生 師事 (書藝)
- 中觀 崔權興 先生 師事 (漢文, 漢詩)
- 個人展 3回 (중국위해시초청전, 한국미술관기획전, 인사아트초대전)
- (社) 韓國書家協會 招待作家, 諮問委員
- (社) 韓國書家協會 光州支會長 歷任
- (社) 瑞石漢詩協會 理事長
- (社) 沛城漢詩協會 理事
- (社) 韓國꽃살창호保存會 理事長
- (社) 韓國藝術文化院 光州支會長
- (社) 韓國美術協會 光州美協 書藝分科 理事
- 光州廣域市 文化財調査委員
- 光州書藝페스티발 비엔날레 展示 推進委員

📖 論著
- 「雲住寺 遺物·遺跡의 銘文과 文樣硏究」
- 「駱西 尹德熙 書藝 硏究」 等 多數
- 漢詩集 『麗末大節』, 『瑞石錦囊』, 『湖南風流』 等 共著
- 열일곱 번째 시조모음 『한가락』 공저
- 열여덟 번째 시조모음 『한가락』 공저

E-mail : chdam0411@hanmail.net

규원사화 揆園史話

2008년 4월 29일 초판1쇄 발행
2020년 8월 20일 초판5쇄 발행

지은이 | 북 애 자
옮긴이 | 민 영 순
펴낸이 | 김 영 환
펴낸곳 | 도서출판 다운샘

05661 서울특별시 송파구 중대로27길 1 (오금동)
전화 02) 449-9172 팩스 02) 431-4151
E-mail : dusbook@naver.com
등록 제1993-000028호

ISBN 978-89-5817-212-3 03910

값 12,000원